<u>Vorwort</u>

Mit dem zweiten Buch, aus der Serie „ Geschichten von Georg", möchten wir uns bei den Lesern des Erstlingswerk, „ Ich kaufe nur eine Jacke" entschuldigen. Unsere beiden Schreibprogramme haben sich, zu unserem bedauern, leider nicht vertragen.

Als PDF Datei an den Verlag geschickt, stellten sich diverse Fehler raus. Wir bedauern dieses sehr und versuchen die Fehlerquote in Zukunft zu minimieren.

Der Mensch ist eine Fehlerquelle und wir sowieso. Es war unser erster Versuch, aus dem wir gelernt haben.

Jetzt zu dem positiven der Geschichte. Die Resonanz war ausgesprochen gut, was uns zum weitermachen veranlasst hat. Wir haben uns bekannten Personen auf die Fehler des Buches hingewiesen und die allgemeine Reaktion war: „ So ein Quatsch. Fehler sind das Salz in der Suppe, nur der Inhalt zählt und der ruft nach mehr Humor dieser Art."

Danke! Wir bedanken uns bei Euch im voraus, weil sich sicherlich auch in Zukunft nicht jeder Fehler vermeiden lässt. Nun wünschen wir Euch viel Spaß beim lesen der neuen Geschichte von Georg.

Bisherige Bücher:

Ich kaufe nur eine Jacke

1

Mein Hobbytag!

Mein Gott! Was war das wieder für eine scheiß Woche! Egal. Vergessen. Ich habe Wochenende, halbwegs ausgeschlafen und heute ist mein Tag! Da pfuscht mir keiner rein. Heidi ist noch im Badezimmer und richtet sich her. Ich schaue auf meine Uhr, 8.23 Uhr. Verdammt früh für einen Samstag, aber wenn es um mein Hobby geht, dann ist es nie zu früh. Ich gehe nach draußen und öffne das Garagentor. Jau, Auto steht drin und scheint in Ordnung zu sein. Man weiß ja nie, denn die Frau fährt den Wagen ja auch. Sicherheitshalber gehe ich nochmal um das Gefährt, nö, keine Macke, oder Schramme zu erkenne. Puh, Gott sei Dank!

„ Georg, was machst du an der Garage?", hörte ich hinter mir meine Holde rufen und das hörte sich merkwürdig vorwurfsvoll an.

„ Wieso, was soll ich da schon machen? Vielleicht den Wagen rausfahren, damit ich gleich mit ihm zu Bauer Schulte fahre?"

„Ne" kam es schnippisch aus dem Hintergrund. Ich schaute sparsam und drehte mich um, ging ein paar Schritte zum Garagentor, schaute noch immer sparsam und guckte auch so in Richtung Badezimmerfenster, von der ich die Stimme vermutete. Plötzlich ging rechts von mir die Haustür auf, aus der meine Heidi trat. Ihr Gesichtsausdruck lies nicht gutes erahnen.

„Was heißt hier ne? Heute ist doch mein Hobbytag und da fahre ich mit dem Auto zu Bauer Schulte. Das ist so und das bleibt so."

Beide Arme stemmte ich in die Hüften, um meinen Worten den nötigen Ausdruck zu verleihen.

„Nö, kannste vergessen", kam es unbeeindruckt von ihr zurück. Ihre Augen wurden schmaler und funkelten mich bedrohlich an.

„Du hast doch kein Gewohnheitsrecht, mein Lieber, soweit kommt das noch. Ruf doch Willi an und lass dich abholen. Ich brauche das Auto heute, so !!!"

Ich schnappte nach Luft und Heidi verschwand ins Haus, nicht einmal eine Antwort hat sie abgewartet. Verdammte Hacke, hab ich hier überhaupt nichts mehr zu sagen? Hastig folgte ich ihr, aufgewühlt und stinkig. Ich riss die Badezimmertür auf und fuchtelte erregt mit dem Autoschlüsselbund herum.

„Sag mal, was..........?"

Wo war sie? Ich riss die Tür noch weiter auf und schaute dahinter. Ich fuchtelte wieder mit dem Schlüsselbund und wollte gerade loslegen, doch da war sie auch nicht.

Bevor ich platzen konnte, hörte ich wie draußen das Auto angelassen wurde. Wie jetzt? Das kann doch nicht wahr sein! Schnell lief ich zur Haustür und sah meine Gattin, wie sie den Wagen aus der Garage fuhr. Das schlägt den Fass den Boden aus! Ich war sprachlos, dass ich vergessen hatte, dass es bis zum Boden noch drei Treppenstufen gab. Gekonnt, jedenfalls hatte ich den Eindruck, machte ich den Abflug und landete unsanft einen Meter vom Auto entfernt auf den Boden. Jetzt nur keinen Schmerz anmerken lassen!

„Was machst Du da?" Sie wartete aber meine Antwort gar nicht erst ab und fügte nahtlos hinzu:"Du kannst doch dein Fahrrad nehmen, so weit ist der Weg zu Bauer Schulte auch nicht.

Und außerdem, ein bisschen Bewegung tut Dir mal ganz gut. Mein „aber" schien sie nicht vernommen zu haben. „Mein Termin mit Mutti ist einfach wichtiger, als dein komischer Hobbytag. Schließlich kann ich sie ja nicht alleine durch die Stadt bummeln lassen. Gut, das du das verstehst!"

„Aber mein Fahrrad steht in der Scheune von Bauer Schulte, weil es kaputt ist und.............!!!!!"

„Dann nimm halt mein altes Fahrrad. Tschüüüüüüss!" Wie eine wilde Furie fuhr sie davon, wie immer hätte sie den Neid von vielen Formel 1 Rennfahrern bekommen und ich nur den durch die Reifen aufgewühlten Dreck ins Gesicht. Ich hustete und prustete mir den Staub aus dem Hals und richtete mich entmutigt wieder auf. Wütend schaute ich auf den Autoschlüssel in meiner Hand. Scheiße, scheiße auch! Demnächst schaffe ich den Zweitschlüssel ab. Autsch, mein Bein. Nicht einmal gefragt hat sie, wie es mir geht. Ihr altes Fahrrad! Pah!!! Ihr neues Rad hat sie ja ihrem Bruder Basti geliehen. Na klar, geliehen....vor gut einem Jahr! Wie das wohl aussieht? Wahrscheinlicher aber ist, der hat es schon längst verscherbelt. Boah!!! Jetzt nur nicht auch noch an den Affen denken, sonst ist der Tag gelaufen, bevor er überhaupt angefangen ist. In der Garage konnte ich kein Fahrrad entdecken, nur den komischen Spiegel an der Wand.Den wollte meine Heidi haben, damit sie gucken kann, ob sie anständig ins Auto steigt. Meine Kollegen haben schon gelästert. „Na du eitler Pfau?", haben sie gesagt und „Spieglein, Spieglein an der Wand, wer ist der schönste Mann im Land." Wer den Schaden hat, der spottet jeder Beschreibung. Ich habe es aufgegeben, darauf noch Antwort zu geben.

Ach ja! Jetzt fällt es mir wieder ein! Die alte Möhre von Fahrrad steht unten im Keller und rostet nur so vor sich hin. Meine Befürchtung hat sich leider bewahrheitet. Jetzt kommt mir auch in den Kopf, dass ich die Karre schon länger auf den Müll werfen wollte und meine Dame mich daran gehindert hat.

„Man weiß ja nie, wozu man das hübsche Fahrrad noch gebrauchen kann.", waren Heidis Worte.

Na klar! Um nach Bauer Schulte zu fahren! Mein Schwager Basti gurkt mit dem E-Antriebsfahrrad durch die Gegend und ich kann zusehen, wie ich den alten Schrotthaufen zum laufen kriege. Eine wertvolle halbe Stunde hat es gebraucht, dass ich den Eindruck hatte, das die Fietse wieder funktionstüchtig ist. Nachdem ich mich gesäubert hatte, schwang ich mich auf den Drahtesel und versuchte unerkannt aus unserer Siedlung zu kommen, was mir auch halbwegs gelang. Nicht das die Nachbarn denken, bei uns ist die Armut ausgebrochen. Komm scheiß drauf, was interessiert mich das blöde Volk. Oder?

Endlich, außerhalb der Stadt und auf zu Bauer Schulte!

<u>2</u>

Allmählich kriegte ich die Wut. Ich strampel mir die
Lunge aus dem Hals und habe das Gefühl, das ich kaum
vorwärts komm. Von Bauer Schulte bin ich noch
meilenweit entfernt. So ein Käse und Willi wartet schon
auf mich. Ich schaute auf die Uhr.....9.48 Uhr.
Die Landstraße war nicht sehr befahren, trotzdem wankte
mein Fahrrad jedes Mal, wenn ein Auto daran vorbeifuhr.
Ich sah rechts einen großen Feldweg.....den nehme ich.
Denn erstens fahren da keine Autos und zweitens brauch
ich nicht den großen Bogen zu fahren. Den rechten Arm
zu heben, um die Richtung anzuzeigen, wohin ich fahren
will, trau ich mich nicht. Schlackert die Lenkung doch wie
ein Lämmerschwanz. So biege ich ab in den Feldweg.
Schlagloch!!! Ein Tritt ins Leere, aua, Mist, verdammte
Sch.........! Zwischen den Beinen schmerzte es bestialisch.
Ich ließ das Fahrrad mit schmerzverzehrtem Gesicht
auslaufen und mich langsam zur Seite fallen. Es war mir
völlig Piepe, dass ich im Staub lag, Hauptsache der
Schmerz lässt nach. Immer noch nach Luft schnappend,
richtete ich mich allmählich wieder auf. Versteht sich von
selbst, noch nicht piele gerade, leicht gekrümmt.
Vorwurfsvoll blickte ich auf das Fahrrad. War doch klar!
Die Kette ist abgesprungen. Mit so einer Krücke muss ich
durch die Botanik eiern. Wutentbrannt schnappte ich mir
das Vehikel und schwang mich wieder drauf. Natürlich
erst, nachdem ich die Kette wieder aufs Zahnrad
gefummelt habe. Der noch vorhandene Schmerz ließ mich
ein wenig vorsichtiger fahren, nütze nichts. Nächstes
Schlagloch, wieder Kette runter. Nur diesmal hatte ich die
Füße schneller unten, um schlimmeres zu vermeiden.

Ist mir auch halbwegs gelungen, nur sahen meine Finger jetzt noch besser aus. Das schmierige, alte ranzige Fett versuchte ich im Gras abzustreifen....klappte nicht. Stattdessen hat es sich noch breiter auf meine Finger ausgedehnt....Toll! So seh ich eigentlich nach meinem Hobby aus und nicht schon vorher. Was ist aus meiner Vorfreude von heute Morgen geworden? Die paar Minuten Verspätung machen doch den Hahn nicht fett, versuchte ich mir einzureden, um wieder runterzukommen. Hielt nicht lange an, wieder Kette ab und nochmals. Der Feldweg läuft auf eine Gabelung aus, die nach links und rechts abging. Direkt davor ein mächtiger Laubbaum und dahinter ein Bach, der an dieser Stelle einen Kolk hatte. Genau hier flog wieder die Kette runter. Mir ist nichts passiert, aber dem Fahrrad. Ich sah rot!!! Voller Wut packte ich den Drahtesel und warf ihn sonst wohin!!! Entkräftet und desillusioniert, sackte ich mit gesengtem Haupt zu Boden! Ich atmete ein paar Mal tief durch, bevor ich überhaupt wieder denken konnte. Scheiße!! Was haste nun gemacht, schoss es mir durch die hohle Birne! Bist du denn nur blöd? Wie soll ich denn jetzt weiterkommen, ohne das Schmuckstück? Wie heißt es doch so schön? „Lieber schlecht gefahren, als gut gelaufen."
Wenn ich mich noch recht erinnere, hab ich da nicht im Anfall meiner Wut, im Hintergrund ein Plätschern gehört? Verdammt, dann habe ich die Karre wohl in den Kolk geworfen, zumal ich sie nicht sehen kann. Mir bleibt aber auch nichts erspart, was soll ich machen? Per pedes weiter, oder das Rostgestell aus dem Bach holen? Ich setzte mich vor dem Bach und grübelte. Nütze ja nichts, die Karre muss da wieder raus, sonst werde ich wegen des Schrotthaufens zu Hause noch erschlagen.

Wohl oder übel zog ich mir die Klamotten aus. Unterhose lass ich lieber an....Mist, mit einer nassen Unterplinte macht es gewiss keinen Spaß weiterzufahren. Ich guckte nach links und rechts, nichts zu sehen. Gut, da vorne sind ein paar Bäume, da wird ja wohl niemand sein, redete ich mir ein. Runter damit!!!

Mit einem Satz sprang ich rein, ei verdammt war das Wasser kalt! Gottlob war der Kolk nicht so tief und ging mir nur zur Brust. Vorsichtig versuchte ich, mit den Füßen den Boden abzutasten....nichts! Ich ging rüber zur anderen Seite.

„Habt ihr zu Hause kein Wasser mehr, das du hier baden musst?", hörte ich hinter mir eine bekannte weibliche Stimme. Verdammt!! Ich merkte, wie mir die Schamesröte in den Kopf stieg.

„Was ist? Keine Antwort? Vielleicht sehe ich das falsch und das ist dein neues Vergnügen am Samstagmorgen. Hä?"

Nur zögerlich drehte ich mich um, auch wenn mir nicht danach war und ich lieber im Kolk abgetaucht wäre. Da stand sie, Jennifer. Zwischen ihren Beinen ein gepflegtes Fahrrad und sie lächelte zu mir rüber. Mit einem Lächeln, das ich so noch nie bei ihr gesehen habe und noch mehr Blut in meinem Kopf beförderte. Meine Schaltzentrale war nicht fähig auf Hochtouren zu arbeiten, eigentlich gar nicht. Erst recht nicht, als ich meine Unterhose vor ihr auf dem Boden liegen sah. Frech schaute sie auch noch darauf und ihr Grinsen wurde noch breiter. Wenn es die Frau von Bauer Schulte gewesen wäre, die schon über 70 ist, aber so!

„Komm schon raus, du brauchst dich nicht zu genieren, hab ich alles schon gesehen."

Dabei stellte sie ihr Fahrrad ab und kam ein paar Schritte näher. Von unten aus meiner Sicht, sah sie eigentlich wie immer, sehr verführerisch aus. Eben jung, braune Haare, die vom Wind ein wenig zerzaust waren und dann dieser Minirock, aus der schlanke, wohlgeformte Beine meinen Augen schmeichelten. Verdammt!!! Mein kleiner da unten im Kolk, bleib schön ruhig! Schluck!!!

„Was ist jetzt? Willst du so deinen Samstag verbringen? Ich hab ein Tuch für dich, damit kannst Du Dich abtrocknen. Denn wie ich sehe, hast du bis auf deine Klamotten nichts dabei. War wohl doch eine Spontan Aktion."

Ich fand allmählich meine Sprache wieder.

„Ja, also, ich will mal so sagen. Spontan Aktion kommt meiner Schwimmeinlage wohl am nächsten. Und und.....!"

„Jetzt zier Dich nicht so, schließlich wartet Dein Schmuckstück von Oldie auf dich. Oder bist du nicht wie üblich auf dem Weg zu Bauer Schulte?"

Ich nickte. „Doch schon."

Mir wurde ganz flau, doch ich musste wohl oder übel aus dem Wasser, zumal ich davon ausgehen konnte, dass Jennifer nicht vorhatte sich zu entfernen.

„Würdest du dich bitte umdrehen, dann fällt es mir leichter. Du verstehst schon, oder?" Sie lachte und schüttelte den Kopf.

„Man Georg! Du bist doppelt so alt, wie ich und so prüde, das hätte ich nicht von dir gedacht."

Wahrscheinlich hatte sie recht und ohne nachzudenken kam ich aus dem Wasser. Natürlich nicht, ohne mir die Hände vor meine Kronjuwelen, nebst Anhang zu halten. Lächelnd reichte sie mir das versprochene Handtuch. Mit so einem kleinen Fetzen sollte ich mich abtrocknen?

9

Das reicht gerade mal für beide Arme.Sie zog ihre Mundwinkel nach unten, ohne dabei ihr vielsagendes Lächeln zu verlieren und blinkte mit den Augen.

„Mehr habe ich leider nicht, mein lieber Georg, aber immer noch besser, als mit dem Slip abzutrocknen."

Wo sie recht hatte. Sie hatte es grade ausgesprochen und ich wollte nach dem Tuch greifen, da stieß sie einen spitzen Schrei aus. „Ihhhhhhhhh!!Du hast da am rechten Bein einen Blutegel!! Ihhhhhhhh!!"

Ihre finstere Miene sagte mir, das ist kein Spaß. Sie hatte recht!! Ahhhhhhh!! Wild schlug ich mit beiden Händen nach dem widerlichen Monstrum an meinem Bein....scheiße es will nicht abgehen!! Panik!!!!!

„Bleib stehen", rief sie! Für einen Augenblick schaute ich sie verdutzt an, um dann weiter um mich zu schlagen.

„Verdammt Georg! Bleib endlich stehen. Ich habe gehört, das man sie mit Feuer abbekommt und ich hab ein Feuerzeug. Warte." Ja stimmt, dass hatte ich schon einmal gehört. „Ist gut, ist gut, ich bleib schon stehen. Mach schon! Schnell!"

Mir kam es wie eine Ewigkeit vor, bis sie das Feuerzeug aus ihrer Handtasche hervor kramte und ich sah, wie die Flamme das Tier traf. Aber es half! Hallelujah, es half! Boah! Mit beiden Händen stützte ich mich, ein wenig gebeugt, auf meinen Knien ab und schaute nach unten. Was für ein Schrecken! Gottlob ist das vorbei!

„Soll ich den kleinen schwarzen Egel zwischen deinen Beinen auch abflammen?"

Schreck!! Ich schaute ängstlich an mir herunter und begriff dann doch ziemlich schnell, was man so schnell nennt, was sie meinte und auch ihr dreckiges Lachen mir verriet.

Mit Scham stellte ich fest, das ich erstens ihr völlig entblößt gegenüber stand und zweitens, ich mit den dreckigen Händen meinen Schniepes total beschmiert hatte. Wie peinlich!! Ich kam mir vor, wie Rumpelstilzchen, als man seinen Namen herausgefunden hatte. Auf einem Bein drehen und im Erdboden versinken. Mein Mund drückte ein gequältes Lächeln aus, aber meine Augen verrieten meine innere Gemütslage.

„Ich weiß nicht, wie du das geschafft hast, aber ungewöhnlich ist das schon. Findest du das nicht auch? Vielleicht kannst du mir sagen, wie du daran gekommen bist? Denn ich gehe mal davon aus, das dein bestes Stück nicht immer so aussieht."

Ich zuckte mit den Schultern und zog die Mundwinkel nach unten. Jennifer reichte mir ein kleines Seifstück hin, was sie aus ihrer Tasche holte und ging zu ihrem Fahrrad. Schnell sprang ich in den Kolk und wusch mit aller Heftigkeit, wobei es schon manchmal schmerzte, den Dreck ab. Beim umdrehen sah ich, wie sie ihr Handy herausholte. Jetzt ist alles vorbei! Sicherlich wird sie es allen erzählen und ich bin der Depp über Jahre! Über Jahre? Ne, den Rest meines Lebens, da bin ich mir sicher. Nicht auszudenken! Schnell sprang ich aus dem Wasser, nahm den Stofffetzen und trocknete mich ab, so gut es damit ging. Ich ließ sie nicht aus den Augen und sah, das sie aus den Augenwinkel zu mir rüberlinste.

„Na, sieht doch schon viel besser aus, dein gutes Stück." Ihr grinsen sah wohlwollend aus. Schon hatte ich den Schlüpfer angezogen und schaute sie fragend an. Nicht nur die eigene Frau kann aus deinem dummen Gesicht lesen, nein auch Fremde.

„Ne, ne, das bleibt unter uns, ich hab nur auf mein Handy geguckt, weil eine SMS von Bert gekommen ist. Der will wissen, wo ich bleibe. Na ja, ich bin ja gleich bei ihm."
Ihre Worte empfand ich als Erleichterung, aber kann ich mich auf Dauer darauf verlassen?

„Bevor ich mich auf den Weg mache, erzählst du mir noch, wie das ganze mit dir hier zustande gekommen ist. Sonst überlege ich mir das noch, mit dem nicht weitersagen."

Dabei schaute sie mich fragend von der Seite an, nicht ohne ihr Dauergrinsen zu verlieren. Was sage ich? Bis ans Ende meiner Tage bin ich ihr ausgeliefert. Was soll´s, da muss ich durch.

„Natürlich bade ich hier nicht freiwillig und natürlich war ich auch dem Weg nach Bauer Schulte. Ähh, heute mal mit dem Fahrrad, das ist ja das Elend."

Jennifer unterbrach mich. „Hat Heidi dir nicht das Auto gegeben? Du Armer."

Ihr „Mitleid" kam sehr zynisch rüber.

„Mach dich nur lustig. Na ja, jedenfalls bin ich mit der alten Möhre von Heidi unterwegs gewesen und die hat an dieser Stelle versagt, wie auch immer und ist in diesen Kolk gestürzt. Ich habe nur versucht, die Karre wieder aus dem Wasser zu holen, das war es."

Sie grinste schon wieder hämisch.....was soll das? Das verunsicherte mich zusehends.

„Hat das Fahrrad vielleicht einen roten Rahmen? Und vielleicht silberne Schutzbleche?"

Hä? Woher? Aber das wird wohl sicherlich eine Vermutung sein, oder sie kennt es noch von früher.

„Ich mein ja nur, wenn nicht, dann wird es wohl nicht das Fahrrad sein, was da oben im Baum hängt?"

Verdutzt schaute ich zu dem Baum hinauf. So eine Scheiße! Was bin ich für ein Ochse! Da hängt das Fahrrad tatsächlich an einem Ast und sagt nichts. Wie zum Teufel ist es dahin gekommen? Was für eine dumme Frage, die ich mir da selber stelle. Ja wie wohl!

„Ich hab zwar keine Zeit Georg, höre mir aber gerne noch die richtige Geschichte an."

Muss die immer noch grinsen? Sie könnte die Schwester meiner Frau sein, diese Ähnlichkeit in ihrem Wesen ist phänomenal.So erzählte ich den Hergang des Geschehens, wobei sie alles lückenlos wissen wollte.

„Donnerwetter Georg, das sieht man dir wirklich nicht an, das du in deiner Wut so eine Kraft entwickeln kannst, alle Achtung! Das hätte der stärkste Mann der Welt nicht hingekriegt, das Fahrrad da oben in den Baum zu werfen."

Sie nickte anerkennend, dennoch stolz machte mich das wirklich nicht, eher sauer. Zumal ich davon ausgehen musste, das sie das ironisch meinte. Mit Erleichterung sah ich, das sie auf ihr Fahrrad stieg.

„Tschüss Georg und viel Spaß in der Scheune", sagte Jennifer und trat in die Pedalen. Ich schaute wie ein begossener Pudel hinterher. „Ja danke, das wünsche ich Dir auch in eurer Werkstatt." Noch einmal drehte sie sich zu meiner Überraschung um, fuhr langsam weiter und rief mir zu:"Mach Dir keine Sorgen, die Sache hier bleibt unter uns, versprochen!"

Eine Zentnerlast fiel von mir ab, trotz immer noch eines mulmigen Gefühls in der Magengegend. Nun stand ich vor dem Baum und schaute rauf zum Fahrrad. Ein Kopfschütteln rang ich mir ab. Wieso habe ich das Fahrrad da oben nicht gesehen? Hätte aber und!

Behände, na ja eher behäbig und vorsichtig, kletterte ich zum Fahrrad hoch, man ist ja keine Zwanzig mehr. Es ging besser, als ich erhofft hatte. Das Fahrrad fiel zu Boden und ich war schneller wieder unten, als gedacht. Gut, ich habe den letzten Ast nicht erwischt und bin gefallen. Aber nur ein bis zwei Meter und ich habe mir auch nicht wehgetan. Auaaaaaa! Einmal tief durchatmen, Schuhe an und dann schnell zur Scheune. Willi wird mir den Kopf abreißen! Schuhe? Da ist nur einer! Wo ist der andere? Alles suchen war vergeblich. Dann fiel mir das Geräusch wieder ein, jenes Plätschern nachdem ich das Fahrrad voller Wut weggeschmissen habe. Verdammte Scheiße noch einmal. Mein Schuh hat das Geräusch verursacht! Wie konnte das passieren? Ich stellte mich vor dem Kolk und versuchte auf den Grund zu gucken. Du meine Güte, das geht ja! Ja sag mal, bin ich denn total benagelt? Wenn ich das gleich gemacht hätte, dann hätte ich mir die Schwimmeinlage sparen können.Am liebsten hätte ich mir in den Arsch gebissen....Da ist auch mein Schuh im Wasser zu erkennen. Ich hatte schon die Finger am Knopf meines Hemdes. Ne! Nicht schon wieder! Scheiß auf den Schuh! Der bleibt da unten! Warte mal, wenn ich den Schuh auf dem Grund sehe, dann hat Jennifer doch auch Einblick gehabt! Was soll´s, ist eh alles wurscht. Gekonnt schwang ich mich auf den Drahtesel und machte mich auf die Socken. Ich nahm den linken Weg, der genauso staubig war, wie der rechte, war ja auch die einzige Alternative, um zur Scheune zu kommen. Mir kam Jennifer wieder in den Kopf, sie und Bert schrauben am richtigen Auto herum. Damals hätte ich die beiden am liebsten umgebracht, schnappten die uns doch den schönen Triumpf TR4 vor der Nase weg!

Willi der Hammel, zögerte so lange herum, bis die Beiden sich das Schmuckstück unter den Nagel gerissen haben. Und das nur, weil er einen NSU Prinz gesehen hatte. So einen hatte er mal besessen und war hin und weg. Er ist es immer noch, nur ich nicht. Haben wir uns doch tatsächlich die Karre gekauft, wenn es wenigstens ein TT gewesen wäre. Schließlich habe ich mich breitschlagen lassen und komm aus der Nummer nicht mehr raus. Sicherlich macht das Schrauben an der Karre auch Spaß, aber nicht soviel. Ich freu mich nicht mal darauf, wenn die Gurke irgendwann einmal fertig ist. Mit 600 Kubik und 30 PS durch die Gegend zu eiern, welch ein Reiz! Wenn sich wenigstens einer darauf freut! Komisch, mir fällt auf, das die Kette noch gar nicht wieder abgesprungen ist. Hä? Jetzt nur nicht zu laut denken! Ich schaute auf meinen total eingestaubten Fuß, als ich Treckergeräusche hörte. Vor mir tat sich eine Staubwand auf, in der ich mich eigentlich schon befand. Der Versuch, die Uhrzeit von der Armbanduhr abzulesen, war vergeblich. Mit gesenktem Haupt, kämpfte ich mich durch die undurchsichtige Wand, wie ein Beduine durch die Sahara. Motorengeräusche kommen näher, schemenhaft nahm ich den Traktor wahr. Mir blieb nur der Grünstreifen neben dem Feldweg, um an der Dreckschleuder vorbeizukommen. Auf halber Höhe des Schleppers, konnte ich gucken. Bauer Schulte! Wer sonst! Verdutzt schaute er zu mir runter.
Er brüllte:"Wat machst denn du hier?Haste dich verlaufen?"
Ich hatte Mühe das Gleichgewicht zu halten und seine Worte wahrzunehmen. Der Trecker machten einen Höllenlärm und der Staub, kaum auszuhalten.

„Willste mir bei de Arbeit zugucken? Wat ik so mache?"
„Neee, ich will zur Scheune!" erwiderte ich.

Unter Bauer Schultes massigen Körper wirkte der Trecker richtig zierlich. Er hatte sich ein verknotetes Taschentuch auf sein lichtes Haupt gelegt, so dass nur sein Haarkranz zu sehen war. Schweißperlen bahnten sich Wege über sein Gesicht und vereinigten sich mit dem aufgewirbelten Staub. Seine blauen Schweinsaugen schauten mich fragend an.

„Sach ma, willste heute nich inne Scheune? Is doch Samstach wa?"

Es war anstrengend, so neben den fahrenden Trecker zu bestehen, mit dem Fahrrad. Ich eierte mir einen zurecht, mal auf der Grasnarbe, mal auf dem Feldweg.

Die Antwort blieb mir im Halse stecken, obwohl ich ihm die schon vorher gegeben hatte. Der elende Staub! So fuchtelte ich mit dem rechten Arm und hustete mir die Atemwege frei.

„Ja, sag ich doch! Ich will zur Scheune!", schrie ich.

Unvermindert blieb der Bauer stehen und ich fuhr ein Stück weiter. Rückwärts drückte ich mein Rad zurück. Schulte von vorne, wahrlich ein exotischer Anblick, wie ein Buddha für Landleute. Nur das der Thron ein Traktor war und das wohl irgendwann mal weiße Unterhemd jetzt kohlrabenschwarz. Seine überdimensionalen Brüste lagen auf seinem Bauch und schienen sich auszuruhen. Das Bremsen verursachte eine dichte Staubwolke hinter dem Traktor, die sich langsam über uns ausbreitete. Ich wagte nicht zu atmen und schloss die Augen. War sowieso nichts zu sehen, nur das dumpfe Blubbern des Motors war zu hören.

„Wat häst sächt?"

Allmählich konnte ich die Luft nicht mehr anhalten. Ich öffnete die Augen....puh! Das Gros der Wolke hat sich verzogen.

„Ich sage doch, das ich zur Scheune will." Bei jedem öffnen des Mundes, setzte sich Staub auf die Zähne und die Zunge. Einfach widerlich!!!

„Wat mogst dann hier?", wollte mein Bäuerchen wissen. Was für eine dumme Frage! „Ja dahinfahren, was sonst?"

„Hier geiht dat aber nich längs. Do achtern über die Strote", und zeigte mit seinen monströsen Winkarm in die Richtung, aus der ich kam. Meine Augen sahen aber zuerst nur den dichten Urwald unter seinem Arm, bevor ich den krummen Finger wahrnahm, der mir den Weg wies.

Ich war geplättet!

„Wie jetzt? Ich dachte, das wäre eine Abkürzung."

Von ihm kam nur kurz und knapp:"Nö" und dann fuhr er weiter.

So ein Fliegenschiss! Ich war drauf und dran, in den Rahmen von meinem Vehikel zu beißen. Ohne lange zu zögern, jagte ich wie ein Berserker den Feldweg zurück. Mit Groll schaute ich zum Kolk rüber, rechts ab zur Straße. Kurz vor der Einmündung auf den Asphalt , kam ein Schlagloch und zack die Kette ab. Resignation statt Wut und dann eine Mischung aus „jetzt erst recht und ich fahre zurück nach Hause", machte sich in mir breit. Nach dem Kette aufziehen sahen die Finger wieder genauso schäbig aus, wie schon einmal zuvor. Gut, gut! Wann hat so ein Bürohengst, wie ich es bin, schon mal die Gelegenheit, mit Fingern wie ein Malocher durch die Botanik zu juckeln. Nach zehn Minuten volle Pulle, hing mir die Lunge aus dem Hals. Ein bekanntes Auto kam mir entgegen.....es war Bert! Berts Schlitten fuhr langsamer.

Das fehlte mir gerade noch, auf den habe ich gerade noch gewartet. Na Georg! Bla, bla......! Der Wagen blieb stehen, das Fenster öffnete sich und Bert hörte sich so weiblich an. Ach Du dickes Ei! Jennifer!

„Nun sag mal Georg, bist Du immer noch unterwegs zur Scheune? Ist es denn möglich?"

„Was soll ich machen? Schulte der alte Sack hat mich wieder zurückgeschickt, zur Straße. Ich kenne mich hier in den Rabatten nicht aus, da bin ich wohl, oder übel wieder auf der Straße gelandet." Ich zuckte mit den Schultern. Aber Moment mal! Ist Jennifer nicht den Feldweg weiter geradelt? Jennifer sah mein fragendes Gesicht.

„Ja richtig", sagt sie,"du hättest nur über Bauer Schulte´s Wiese gehen müssen. Am anderen Ende ist wieder ein Feldweg und von da hättest du die Scheune schon sehen können, aber mach Dir nichts draus, du bist ja kurz vorm Ziel." Sie nickte mir freundlich zu. „Ach übrigens, Willi ist auch noch nicht in der Scheune, der besorgt noch was." Sie winkte lächelnd und fuhr von dannen. So ein Drecksack von einem Bauern! Na warte du Dumpfbacke, das zahle ich Dir zurück und zwar auf Heller und Pfennig! Wenigstens kriege ich keinen Ärger mit Willi, hoffe ich mal. Boah, meine Beine!Schwer wie Blei und so schwammig, ich bin eben auch nichts gutes mehr gewohnt. Ein paar hundert Meter noch, bis zur Auffahrt des niederträchtigen Bauern.

Mittlerweile hatte es etwa 28 Grad im Schatten und mir lief das Wasser den Hintern herunter, als ich in die ungepflasterte Einfahrt zum Hof fuhr. Ich traute meinen Augen nicht! Ist doch der Schweineprister von einem Bauern wieder auf seinem Hofplatz und stellt seinen Schmuddeltrecker an, ich krieg die Krise!

Japsend erreichte ich die Scheune, das Tor stand offen und das Bäuerlein lief an mir vorbei, als wenn nichts gewesen wäre. „Moin."

„Ja moin", antwortete ich. Wieso eigentlich? Ich winkte innerlich ab, der merkte doch eh nichts. Da steht er nun! Unser NSU Prinz! Was? Ich meinte Willi´s Karre, genau, Willi seine Schüssel. Und dafür habe ich mich so abgehetzt. Zum ersten Mal stellte ich meinen Hobbytag infrage. Ich malte mir aus, welche Konsequenzen es hätte, gäbe es diesen Tag nicht. Garten, Einkaufen, Kaffeeklatsch....weiter brauche ich erst gar nicht auflisten, dass reicht, um alle Strapazen zu vergessen.

„Du Georg, Willi ist nicht da, ich soll Dir bestellen, das er bald zurück ist."

Der Schreck fuhr mir durch die Glieder und ließ mich ruckartig umdrehen. Aber meine Gummibeine machten diese Übung nicht mit, rums lag ich im staubigen Boden der Scheune. Verdammte Hacke!

„Oh! Georg tut mir leid, das wollte ich nicht, komm ich helf Dir hoch." Eine Hand streckte sich mir entgegen, an deren Ende ich Arthur erkannte. Arthur! Was will die Eierpfeile denn hier? Hat der mal wieder nichts besseres zu tun?

„Ist gut man, das schaffe ich auch schon alleine", erwiderte ich. Das fehlt mir auch gerade noch, mir von so einem Klappspaten auf die Beine helfen zu lassen. Elegant löste sich mein Körper aus der Umklammerung des staubigen Bodens und mit einem geschmeidigen Satz stand ich vor dem Kühlschrank, in der Ecke der Scheune. Ich hatte einen möderischen Brand, der gelöscht werden wollte. Ich sah, wie meine dreckigen Hände die Tür öffneten und dann..........?

Gähnende Leere! Ich kack ab! Nichts, als gähnende Leere! Nicht ganz, eine leere Milchflasche stand noch drin. Hä? Leere Milchflasche? Wer trinkt denn hier Milch?

„Du Georg, Willi kommt bald zurück, soll ich dir sagen. Er holt noch irgendein Ersatzteil."

„Ja ja, ich weiß schon." Niedergeschlagen schloss ich die Tür. Der Brand ist geblieben und musste unbedingt gelöscht werden, egal wie! So musste sich ein Fremdenlegionär in der Wüste gefühlt haben. Zielstrebig lief ich über die Wiese zur Kuhtränke. Appetitlich sah das Wasser nicht aus und die Fingerprobe sagte mir, das Wasser ist pisswarm. Egal den Kopf rein und den Staub aus der Kehle kriegen.

„Suap mir die Tränke nich leer. Miene Köhe brugt dat Watter. Schäm dir watt." Der Bauer kam die Wiese runter gelaufen. Mir lief das Wasser vom Kopf an meiner staubigen Kleidung herunter.

„Den Köhen dat Watter wechsupen, ne güfft dat dann?" Schulte blieb vor der Tränke stehen und schaute hinein, sein Gesichtsausdruck ohne Mimik, wie immer.

„Dat gude Watter, hast ja wenigstens noch wat inloten." Seine schaufelartigen Hände wischten den Rinnsal, der sich von der Platte auf dem Weg machte, von seiner Stirn weg.

„Een paar Stunden häb ik brugt, dat Watter da in tokriegen." Was sollte ich sagen? Die Tränke war doch noch halb voll. Ich hatte zwar Durst wie eine siamesische Bergziege, aber die trinkt ja nicht soviel, wie eine ausgewachsene Kuh.

„Tut mir leid Schulte. Ich wollte dir deine Tränke nicht leertrinken, ich glaube, das hätte ich auch nicht geschafft. Ich musste nur kurz ein wenig den Durst löschen."

Er nickte! Ich habe gar nicht gewusst, das er dazu fähig ist. Wo doch Brust und Kopf nahtlos ineinander übergingen, eventuell erahnen, das ja.

„Jau, dann werd ik noch een betjen Water mit´m Güllefass in die Dränke dohn." Meine Ohren wurden ganz spitz, wie die von Mister Spock. Ich lief hinter Bauer Schulte her, der sich abgewendet hat und zum Hof ging.

„Wie jetzt? Hast du etwa das Wasser mit dem Gülleanhänger zur Tränke gebracht?" Irgendwie wurde mir so flau in der Magengegend.

„Jau mien Jung. Dat magt doch den Köhen nix ut, dat is Watter."

Mir ist so.......! Mein Magen! Schemenhaft sah ich noch den Bauern davon eiern, wie in Trance. Dann klappte ich wie ein Taschenmesser zusammen. Da lag es vor mir, das einstmals leckere Frühstück! In einer Form, wie ich es nun wirklich nicht gerne sehe und eigentlich in mir Übelkeit verursacht. Wenn nicht schon vorhanden! Um mich herum machte sich ein Vakuum breit. Kein Geräusch drang an meine Ohren, bis auf das Spucken und Würgen. Doch die sengende Sonne, die brannte mir auf den Buckel! Eine Hand auf meiner Schulter, die mich behutsam rüttelte, richtete mich langsam wieder auf......aber sehr langsam. Arthur das Armloch! Mann!!!

„Was ist los? Geht es Dir nicht gut?"

Seine schrille Stimme klang noch unangenehmer, als sonst in meinen Ohren. Erstmal prustete ich aus und versuchte, gerade zu stehen. Nur nicht der Übelkeit eine Gelegenheit zu geben, wieder Herr der Lage zu werden. Mir war so, wie nach zehn Bieren und einer anschließenden Achterbahnfahrt.

„Arthur, nach was sieht es denn aus? Was willst Du eigentlich hier? Hast du nichts besseres zu tun, als hier bei uns abzuhängen?"

Verlegen schaute er rüber zur Scheune und zeigte mit der Hand dorthin.

„Basti hat mir gesagt, ich sollte hierher kommen, er müsste etwas bei euch vorbeibringen. Frag mich aber nicht was. Ja und deswegen......!"

„Was, was? Basti? Du meinst deinen besten Freund und meinen Schwager will hierher kommen? Ich glaub es doch wohl nicht! Was will der denn hier schon hinbringen?" Boah, mein Magen! Noch mehr Übelkeit geht nun wirklich nicht. Die Scheune, der Schatten! Taumelnd schaffte ich es bis dort hin, im Schlepptau „Arthur".

Ich setzte mich in den alten, abgewetzten, schäbigen, ich glaube ursprünglich mal gelben Sessel und ließ mich nach hinten fallen. Das war das erste Mal, dass ich in dem Sessel gesessen habe, ekelte er mich doch immer an. Was da alles für Bewohner in so einem Sessel drin sind, mag ich mir nicht ausmalen.

„Sag mal Arthur, wie bist Du eigentlich hierher gekommen?"

„Ja wieso? Der Willi hat mich mitgenommen. Ja." Er pustete ein „Pühhhh" hinterher. Der kann nichts dafür, redete ich mir ein, aber Willi, der Vollpfosten! Was ist nur in den gefahren? Versucht der dumme Sack einem den Hobbytag zu versauen?

„Hat der Schnarchhahn dir gesagt, wann er wieder hier sein wollte?"

„So schnell wie möglich." Er zuckte mit seinen schmalen Schultern. Wild fuchtelte ich mit dem rechten Arm herum.

„Wie spät war es denn, als er sich vom Acker gemacht hat?"

Ich war schon ganz ungehalten. Allmählich passte seine Gestik und seine Stimme zueinander, wie ein Mäuschen kam er rüber. Ich bin doch wohl ein wenig zu laut geworden.

„Also Georg", druckste er rum, „ich hab leider keine Uhr um, tut mir leid."

„Guck mal da oben! Was siehst Du da? Hä?" Ich nickte mit dem Kopf, als er meiner Aufforderung nachkam.

„Richtig, eine Uhr!! Und groß genug, auch für Blinde!!!" Er verzog seine Mundwinkel nach unten.

„Kann ich solange draußen warten Georg?"

War ich wieder zu schroff? Anscheinend.

„Du kannst meinetwegen auch hier drinnen warten. Aber fass ja nichts an, hörst Du? Ich mache den Sessel für Dich frei." Arthur hatte keine Hemmungen, sich in das gute Stück zu aalen. Möchte nicht wissen, wie es bei ihm zu Hause aussieht. Durch das Scheunentor sah ich Bauer Schulte mit dem Jauchefass vorbeifahren. Ob ich das jemals vergessen werde? Der Magen wird wohl noch eine Zeit brauchen, dass zu verarbeiten.

„Sag mal Arthur, war Frank schon hier?" Wo der Penner wohl steckt?

„Nö." Die Antwort reichte mir, schließlich wollte ich mit Arthur nicht wirklich kommunizieren. Würde auch nichts bei rumkommen. Mir fiel ein Stein vom Herzen, als ich draußen Motorengeräusche vernahm. Am Tor konnte ich, außer einer Staubwolke, nichts erkennen. Das Geräusch und der Staub kamen immer näher. Wie eine Fata Morgana tauchte ein Auto aus der undurchdringlich erscheinenden Wolke auf! Verdammt! Das war nicht Willi´s Schüssel, sondern Bert´s Nobelhobel. Nicht schon wieder!

Natürlich saß Jennifer am Steuer und daneben? Willi?
als das Auto stand, ging die Tür auf und tatsächlich stieg
Willi der alte Nasenbär aus.Jetzt weiß ich aber alles! Willi
sah stinkig aus, so wie ich auch. Jennifer mit ihrer guten
Laune, lächelte zu mir rüber und winkte. Ihre gute Laune
kann einem schon den Tag verderben. Mehr als den Arm
zum Gruße heben, kriegte ich nicht mehr zustande. So wie
sie gekommen, so verschwand sie auch, mit einer großen
Staubwolke.
„Sag mal, du treulose Tomate, wo kommst du denn her
und ohne dein Auto?" fragte ich Willi den Brummbär, der
fast genauso dreckig aussah, wie ich.
„Das musst du gerade sagen, wer ist denn zu Spät
gekommen? Du oder ich? Also!" Wow, hat der schlechte
Laune, da kann ich nicht mithalten. Ohne weiteren
Kommentar lief er in die Scheune und sah den verlegen
lächelnden Arthur.
„Was will der denn hier?"
„Hä? Jetzt mal langsam, hast du den nicht mitgebracht?"
Willi blieb stehen und grübelte.
„Ach ja, stimmt, weiß auch nicht, was mich da geritten
hat." Er lief ein paar Schritte weiter und blieb abrupt
stehen.
„Ach ja, dein toller Schwager, der Basti! Ey...der....!"
Willi winkte ab und drehte mir den Rücken zu. Erstaunt,
nein verwundert schaute ich zu ihm herüber.
„Was willst du mir damit sagen? Du hast doch nichts mit
dem Affen zu tun, oder?"
Willi zeigte mir seine Schulter von hinten und als er den
Mund aufmachte, dachte ich, es wäre Arthur die Maus.
„Na ja, nicht wirklich, eigentlich nur ein bisschen." So
kannte ich Willi nicht.

So duckmäuserisch, so klein. Das ist nicht der Willi, den ich seit Jahren kenne, mit dem ich schon so manches durchgemacht habe.

„Nun ähhh, es ist so.....gut ich sage es mal frei heraus." Ein Ruck ging durch seinen Körper und er drehte sich entschlossen zu mir um, nur seine Augen verrieten mir seine Unsicherheit.

„Du weißt doch, wir brauchen einen Vergaser für unser Schmuckstück. Bei Bentien zu teuer, bei Mölder taugte das Ding nichts mehr. Ach was sage ich, das weißt du ja. Und dann kam Basti und hat mir gesagt, dass er einen vernünftigen Vergaser besorgen kann."

Bevor er weiter ausführen konnte, brach ich in schallendes Gelächter aus. Hups! Mein Magen! Komm runter Georg!

„Ja ja, lach du nur! Haha!" Willis Augen verfinsterten sich.

„Ist ja gut man, aber sag mal, wie konntest du.......!"

Er unterbrach mich. „Wie konnte ich nur, wie konnte ich nur", wurde Willi lauter, „ich weiß auch nicht, was ich da für einen Blackout hatte. Weiß der Kuckuck, wenn er es weiß."

„Beruhige Dich, soll wohl nicht so schlimm sein." Willi drehte sich wieder um,so das ich nur seinen Rücken sah.

„Nun ja, ich will mal so sagen, also wenn ich ihm nicht 200 Euro gegeben hätte, am Mittwoch, dann wäre es auch wohl nicht schlimm."

„Warte mal", fuhr ich ihm ins Wort, „du hast ihm doch nicht wirklich 200 Euro gegeben? Das glaub ich jetzt nicht! Das ist doch so, als würdest du einem Löwen dein Bein in den Käfig werfen!"

Willi öffnete die Wagentür des NSU Prinz und dokumentierte damit Normalität. Er versuchte es zumindest. Arthur saß in seinem Sessel und schaute teilnahmslos zur Decke. Er tat nur das, was er am besten kann.

„Hast du schon was vom Polsterer gehört Georg? Der wollte die Sitze doch gestern fertig gehabt haben, oder hab ich das falsch in Erinnerung?" Ich schüttelte den Kopf.

„Richtig Willi, genau richtig! Und du wolltest dich darum kümmern."

„Ach ja? Ach ja! Stimmt, tut mir leid, hab ich vergessen." Willi steckte seinen Kopf tief in den Wagen rein, auf mich hatte es den Eindruck, als wollte er sich vor mir schützen. Ich lief zu ihm. „ Du bist mir noch ein paar Fragen schuldig, mein Freund. Was ist jetzt mit dem Vergaser, oder dem Geld? Und wo ist dein Auto? Du bist doch heute Morgen garantiert nicht zu Fuß hierher gelaufen? Was ist?" Dabei zog ich ein wenig an seinem Hemd, um meiner Frage ein wenig mehr Ausdruck zu verleihen. Bums, knallte er mit einem Schädel gegen das Autodach.

„Ffffhhhhhh, auuuu!" Nun stand er aufrecht, mit der rechten Hand am Kopf und Schlitzaugen vor Schmerzen, neben unserem Hobbyobjekt. Elendig sah das aus. Er brauchte einen Augenblick, aber nicht um sich zu sammeln, sondern um zu prüfen, ob sich auf seinem Schädel eine Beule bildet.

„Nun lass doch mal die Finger von deiner Birne! Was ist jetzt! Spuck es aus!

„Ja, ist ja gut! Basti der Kaputte, hat mir einen schrottigen Vergaser von Mölder unter die Nase gehalten. Nach seinen Verstand zu fragen erübrigt sich bei dem. Ich hab ihn nur gefragt, was das soll?

26

Da sagt der doch glatt zu mir, der ist auch ganz billig, der kostet nur 160 Euro. Boah man! Wenn das nicht dein Schwager gewesen wäre, dann hätte ich dem so eine auf´s Maul gehauen."

Da war er wieder, der alte Willi, voll in Rage, auf hundertachtzig. Sicherheitshalber stellte ich mich zwischen ihn und Arthur.

„Weißt du noch, was Mölder dafür haben wollte? 80 Euro! Und so ein Arsch von Basti will daran auch noch verdienen. Der merkt ja nicht unbedingt viel der Funkturm, aber das er in diesem Falle den Bogen überspannt hatte schon. Er stammelte dann was von ich besorge dir einen anderen, bla, bla, bla. Ich habe ihm dann gesagt, das ich die Kohle zurückhaben will. Da hatte er fast Pipi in den Augen und flennte herum, das er wüsste, wo er noch einen anderen Vergaser kriegt und er den besorgen kann. Schließlich wollte er uns doch einen gefallen tun."

Ich hörte aufmerksam zu und konnte es nicht fassen, wollte Willi aber nicht unterbrechen.

„Klar hab ich ihm gesagt, bestimmt von Bentien, hab ihm auf die Schulter geklopft und gesagt, wenn du den von Bentien für den Preis kriegst, ist das in Ordnung. Ne ne, er wüsste noch einen anderen Händler und da könnte er den kriegen."

Seine Erzählungen dauerten mir zu lange, ich wollte wissen, ob der das Geld zurückbekommen hat. So unterbrach ich ihn. „Alles klar Willi, aber hast Du die Kohle wieder?" Schließlich kannte ich meinen permanent klammen Schwager nur zu gut. Der ist imstande, mit 200 Euro durchzubrennen, bis die Knete zu Ende ist.

„Ne das nicht Georg. Er wollte uns doch noch den Vergaser besorgen und er hat zugesagt, ihn in cirka zwei Stunden vorbeizubringen." So einen Augenaufschlag habe ich bei Willi noch nie gesehen. Hat Basti ihn unter Drogen gesetzt, oder waren Basti´s Ausdünstungen der Auslöser seiner Gehirnumnebelung?

„Mein Gott! Seit wann bist du so blauäugig? Das Geld ist futsch, das kannst Du mir glauben, hättest du ihm lieber eine auf´s Maul gehauen, das wäre die bessere Lösung gewesen." Wütend trat ich in einen Haufen Dreck neben den Sessel, in dem Arthur noch immer saß. Au, verdammt noch einmal! Ein dicker Stein kullerte ein paar Meter weiter, bis an die Füße von Arthur. Mist, ich hatte ja ganz vergessen, dass ich keinen Schuh am rechten Fuß an hatte. Apropos, wie kommt der Stein in den Dreckhaufen und woher kommt überhaupt der Dreckhaufen? Vorwurfsvoll schaute ich in die Runde und Arthur hatte so ein verdächtig falsches Lächeln auf den Lippen. Ich schaute ihn an und den Blick konnte er nicht erwidern.

„Ich hab doch nur.....", stammelte er, „ich hatte doch Langeweile und da hab ich mir einen Haufen gemacht Georg." Mein Fuß schmerzte, aber ich versuchte mir nichts anmerken zu lassen, nicht wegen so einem Spacken.

„Was ist denn jetzt mit deinem Auto?" Ich sah Willi regelrecht an, das er die Frage nicht hören wollte. Er atmete tief durch und nickte.

„Basti hat ihn." Kurze Pause und bevor ich was sagen konnte, „wie soll er denn sonst zum Händler kommen? Außerdem kam gerade in dem Augenblick Jennifer vorbei. Ja und den Rest der Geschichte kennst Du ja."

Ich wusste jetzt nicht, ob ich lachen oder weinen sollte, beides war mir nicht möglich.

„Weißt Du eigentlich, das die Pfeife keinen Führerschein hat? Ich hoffe nur, das es deine alte Möhre ist, die du ihm mitgegeben hast!" Ich hatte es kaum ausgesprochen, da sprang er durch die Bude, wie von einer Tarantel gestochen.

„Ich bring den Sack um, das überlebt der nicht! Boaahhh so eine Ratte!" Voller Wut schlug er auf den Kotflügel seines Lieblingsautos, mit dem Ergebnis, das nun eine Beule mehr im Auto war.

„Na super, den haben wir ja auch gerade erst ausgewechselt", sagte ich, aber sehr leise und eigentlich auch nur so zu mir selbst. Wollte ich die Bestie nicht noch mehr reizen. Selbst Arthur hat seinen schicken Sessel verlassen und betrachtete mit sorgenvoller Miene im Eingang der Scheune, dass wilde Gebärden der Furie namens Willi. Ich humpelte zu ihm rüber, man weiß ja nie! Auf dem Hofplatz lief gerade Bauer Schulte´s Frau vorbei und schaute verängstigt zu uns rüber.

„Is da wat passiert? Hat de Willi sich wat don? Wat schlimmet? Ich wiegelte ab und humpelte zu ihr hin.

„Nc ne, der hat sich nur mit dem Hammer auf den Daumen geschlagen. Das ist der gewohnt, der beruhigt sich gleich wieder.

„Sach ma Georg, wo häst dien Schuh loten? Häst den utreckt, weil dien Zeh dick häs? Son bluen Zehnagel sieht och nich goat ut." Sie schaute mitleidig an mir herunter und schüttelte den Kopf. Im Hintergrund hörte ich Gegenstände durch die Gegend fliegen und eine nicht nicht enden wollende Schimpfkanonade. Staub qualmte durch das Scheunentor und mitten drin stand Arthur. Aus dem Augenwinkel sah ich noch einen Hammer aus der Scheune fliegen, knapp am Kopf vom Arthur vorbei.

Die Bäuerin blieb wie immer gelassen.

„Däh Willi moat aber ne Wut upp'n Hammer harrn. Dat kann ick goad verstehn. Mien Franz mogt dat och imma so." Sie zeigte wieder auf meinen Fuß. „Ick güff mal'n paar Klompen von mien Franz, datt dut diene Fööt goad. Glob mi dat." Für Einwände war Frau Schulte nicht empfänglich. Wenn sie was sagte, dann wurde das gleich umgesetzt. So wartete ich und schaute zur Scheune, in der es ein wenig ruhiger geworden ist. Arthur war nicht mehr zu sehen, was ich gut verstehen konnte. Jeder hat einen Selbsterhaltungstrieb und wenn er auch noch so verblödet ist. Die Bäuerin war wieder da und hielt ein paar Holzschuhe in den Händen. „Hier antrekken!" Sie drückte mir die Dinger in die Hände und verschwand zurück ins Haus. Mir drehte sich wieder der Magen, bei dem Anblick! Schmierige, uralte Holztreter mit Jahrhunderte altem Mist dran und so richtig speckig und eklig. Ich stellte mir Bauer Schulte darin vor, denn das waren ja mal seine. Die Käsefüße haben in den Schuhen ganze Arbeit geleistet, sein Fußschweiß hat sich darin für immer verewigt...eingebrannt! Bähh! Schon lag das hochwertige Schuhwerk auf dem staubigen Boden. Mit Besorgnis schaute ich mir meine Finger an und ekelte mich davor. Gerne hätte ich mir die gewaschen, noch lieber hatte ich mich gleich geduscht. Letzteres war leider nur zu Hause möglich und zum Händewaschen hätte ich in die Scheune gemusst. Da war es mittlerweile sehr ruhig geworden, beängstigend ruhig sogar! Willi wird doch nicht aus den Latschen gekippt sein? Ich ließ die Holzschuhe, Holzschuhe sein und humpelte rüber zum Tor. Am Eingang angekommen, konnte ich vor lauter aufgewirbelten Staub nichts erkennen.

„Willi ist alles in Ordnung?" Keine Antwort! „Willi", rief ich lauter in das Undurchdringliche hinein! Ich bekam zwar keine Antwort, sah aber schemenhaft eine Gestalt auf mich zukommen. Das Szenario erinnerte mich an einen Horrorfilm, den ich mal gesehen habe. In diesem Falle war es kein Schauspieler, sondern ein echtes Monster, dass ich nun erkennen konnte. Zum Fürchten! Das Monster war total eingestaubt, hatte die Haare wirr hochstehen und einen irren Blick. Die Augen blutunterlaufen, flöste es mir Angst ein. Aphatisch blieb „es" vor mir stehen und schaute mich mordlüstern an. Mir lief ein Schauer über den Rücken.

„Mensch Willi, das Leben geht weiter", redete ich auf ihn ein, in der Hoffnung, der erkennt mich. Er grummelte irgendetwas unverständliches vor sich hin. Ich tat so, als hätte ich ihn verstanden, um ihn nur nicht noch mehr zu reizen.

„Ja dann los", sagte er lauter werdend und der Blick wurde wieder klarer.

„Wie los?" Was hat er vor dachte ich mir. Das kommt dabei raus, wenn einer so nuschelt, dann versteht man ihn nicht.

„Was soll das jetzt heißen? Ich habe dir gerade gesagt, dass wir das Sackgesicht von Basti suchen. Lass und nicht lange rumlamentieren....Looos!" Seine Entschlossenheit beängstigte mich.

„Das bringt doch nichts und im übrigen kommen wir hier nicht weg. Mit der Karre dahinten kommen wir zu zweit nicht weit." Ich zeigte rüber zum Fahrrad, mit dem ich gekommen bin.

„Quatsch, doch nicht mit der Krücke, Frank kommt gleich mit dem Auto, ich hatte mit ihm telefoniert."

„Jetzt mach doch keinen Aufstand, der Basti kann Auto fahren, der hatte mal einen Führerschein, den haben sie ihn nur weggenommen", erwiderte ich.

„Ach! Dem Idioten nehme ich noch was ganz anderes weg, der wird sich nicht mehr vermehren, das verspreche ich dir." Jetzt nur keine Lynchjustiz, obwohl mir bei dem schon ähnliche Gedanken gekommen sind.

„Und weswegen haben sie ihm den Lappen weggenommen? Vielleicht wegen Hirnlosigkeit?"

Willi merkte, das ich rumdruckste. „Nun sag schon."

„Was soll ich sagen, er hat im besoffenen Kopf das Auto von einem Freund zu klump gefahren und ist dann abgehauen." Upps, da habe ich aber Öl ins Feuer geschüttet, obwohl ich nur die Wahrheit gesagt habe. Wieder Tabula rasa! Gottlob kam Frank um die Ecke gefahren. Der Wagen stand noch nicht ganz, da riss Willi auch schon die Fahrertür auf.

„Rück rüber, ich fahr." Frank schaute Willi entsetzt an, dachte aber nicht daran, seiner Aufforderung folge zu leisten.

„Sag mal Willi, das ist mein Auto und fahr immer noch ich selber." Ungehalten und uneinsichtig lief er um den Wagen herum, zur Beifahrertür und öffnete diese.

„Ey ey, so willst du doch wohl hier nicht einsteigen? Mach dich erstmal sauber, du siehst ja aus, wie ein Schwein, das sich im Dreck gesuhlt hat." Wie ein trotziges Kind schlug er sich mit den Händen seine Kleidung ab. Frank winkte mich zu sich.

„Was ist denn los Georg? Willi hat mich mit dem Handy angerufen und irgendwas von einer Suche nach Basti erzählt, oder so was, er war sehr erregt. Weißt Du mehr? Kurz und knapp erzählte ich ihm das Geschehene.

Frank musste aufpassen, dass er nicht lauthals loslachte.
Willi setzte sich ins Auto und Frank sah mürrisch an ihm
herunter. „Sauber ist das nicht gerade mein Freund."
Willi nahm ihm den Wind aus den Segeln.
„Fahr lieber los, wenn noch ein bisschen Dreck am Sitz
ist, dann mache ich das wieder weg!"
„Mal langsam an, Georg fährt doch auch mit, oder? Und
überhaupt, wo soll es denn hingehen Willi? Aus den
Rippen kann ich mir keine Ziele leiern."
Der machte eine abfällige Bewegung und sein immer noch
dreckiges Gesicht drückte Entschlossenheit aus.
„Basti die Ratte suchen, was sonst! Je schneller ich die
Wanze in die Finger kriege, desto besser für mich, aber
nicht für ihn." Ich schaute an mir runter, sollte ich ohne
Schuhe mitfahren? Widerwillig humpelte ich zu den
Holzschuhen und zog sie mit einem Ausdruck des Ekels
an. Ein paar Nummern zu groß, aber meine einzige
Alternative. Ich konnte die beiden unmöglich alleine
fahren lassen.
„Ist ja alles schön und gut Willi, aber weißt du denn, wo
Basti sich aufhält?"
Zum ersten Mal, nach einer gewissen Zeit wirkte Willi
nachdenklich. Wir merkten, das sein Gehirn ratterte. Frank
und ich schauten uns fragend an. Er zuckte mit der
Schulter und zeigte mir an, mich in den Fond zu setzen.
Das schließen der Tür verursachte wohl einen Einfall bei
Willi. „Bei...bei....hier....ach wie heißt der nochmal?"
Er schlug sich mit der Hand auf den Oberschenkel. „Na!
Mu oder Mä? Mensch wie heißt der noch?"
Jetzt haben die Viecher von Bauer Schulte ihn ansteckt!
Die Kühe, oder vielleicht die Schafe? Oh oh, Willi!
„ Mang!! Genau Mang heißt der Sack."

Er fuchtelte mit den Armen um sich und Frank musste aufpassen, keine Hand von Willi abzukriegen.

„In Scharnitz am See hat der seine Bude. Der Affe kann nur da sein, worauf wartest du Frank? Fahr schon!"

Frank atmete tief durch. Willi war ein guter Freund und wenn er bisher Probleme mit seinem Auto hatte, konnte er sich immer auf ihn verlassen. Er schluckte und drehte den Zündschlüssel um.

3

Viel wurde während der Fahrt nicht gesprochen, einmal sagte Frank, dass seine Klimaanlage spinnen würde und sie bestialisch stinkt. Kurze Zeit später schob er den Gestank auf Willi, weil er auch danach aussah. Ich machte mich ganz klein hinten drin. Nach einigen Kilometern fahrt hatte Frank genug, er machte die Klimaanlage aus und steckte seinen Kopf aus dem Fenster.

„Oh man! Ich bin heilfroh, wenn wir gleich da sind. Macht euch der Gestank nichts aus? Dir wohl nicht Willi?"

Die Hitze im Fahrzeug intensivierte den Gestank noch zusätzlich und selbst mir wurde allmählich wieder flau in der Magengegend. Willi war nur auf die eine Sache fixiert, oder besser gesagt, auf den einen. Am Horizont tauchte ein großer Bauernhof auf, mit einem hohen Zaun drum herum.

Hinter dem Zaun türmten sich Berge von Autoleichen, an denen man erkennen konnte, dass das ein oder andere Teil herausgenommen, oder abgeschraubt wurde.

Als wir näher kamen, empfing uns lautes Hundegebell. Leider haben solche Typen immer große Hunde. Mit so kleinen Taschenhunden haben die nichts am Hund, die müssen schon mächtig Eindruck machen. Bei mir hilft das. Wir stellen das Auto vor dem halb zusammengefallene Tor ab. Ein Duft von Altöl und alten Reifen umschmeichelte unsere Nasen, wenigstens sind unsere Geruchsnerven noch nicht zerstört. Der Besitzer des edlen Ambientes, durch die Hunde auf uns aufmerksam geworden, schlenderte erhaben zu uns herüber. Seine vornehme Kleidung umschmeichelte seinen geschmeidigen Körper. Nur seine große Plauze, schmälerte ein wenig den Eindruck und vielleicht auch noch die nur an Hosenträgern befestigte und zerschlissene Cordhose, die leicht,es konnte auch ein wenig mehr gewesen sein, unter dem Bauch hing.

Sein Haar hätte er bestimmt mehr gepflegt, wäre es noch vorhanden. Ein paar Reste waren noch da, diese aber in einem exquisitem Grau. Vorteilhaft allerdings, war seine bestimmt nicht gerade teure Zigarre in seinem Mund, die beim wechseln des Stumpen von einem Mundwinkel in den anderen, feine elfenbeinfarbige, bis hin zu einem zeitlosen Schwarz gehaltenen Restzähne preisgab.

Das die Zigarre nicht angezündet war, sprach für ihn, auch wenn die Asche an dem Stumpen cirka fünf Zentimeter Länge hatte und davon zeugte, dass sie wahrscheinlich mal vor langer Zeit geraucht wurde. Sein Unterhemd zeugte ebenfalls von seiner edlen Herkunft, hatte es doch ein Wappen auf der Brust vorzuweisen. Allerdings bei näherer Betrachtung, hat der Mann kein Unterhemd an

und das Wappen ist auch keins. Mach ich da Essensreste an der genannten Stelle aus? Ich versuchte keine Vorurteile aufzubauen. Seine eleganten Treter an den massigen, gepflegten Füßen, hatten bestimmt genauso wie die Hose, seine besten Zeiten hinter sich gehabt. Nur jetzt sahen sie doch schon sehr ausgetreten aus. Biolatschen trägt Mann von Welt wohl auch heute noch, aber nicht welche aus dem siebzehnten Jahrhundert. Fünf Hunde liefen um den Mann herum, wild knurrend und bereit, uns zu zerreißen. In mir kam ein Unbehagen auf, rein wollte ich in den Käfig beim besten Willen nicht. Willi teilte diese Angst nicht mit mir und sprang wild entschlossen aus dem Auto und stand auch schon am Tor. Seine Hände umklammerten die inneren Stahlstangen des Tores und ungeduldig rüttelte er daran. „Was wollt ihr?" quäkte es aus dem Hals des Platzbesitzers. Die Hunde blieben erstaunlicherweise verunsichert stehen, was ihr weiterlaufender Besitzer mit Entrüstung feststellte. „Mhhhh", grummelte er und forderte seine Fünf durch Handbewegung zum weiterlaufen auf. Wusste er doch wohl, dass seine Autorität ohne seine Vierbeiner gleich null ist. So hatte ich den Eindruck. Willi rüttelte noch heftiger.
„Ja was wohl? Bestimmt nicht deine Murmel polieren!"
Plötzlich gab es ein lautes knarren und ächzen. Mit einem dumpfen Knall schlug das große Tor auf den Boden unweit des Platzhirsches auf. Sehen konnte man nicht viel in der Staubwolke, aber hören. Das nicht enden wollende Husten eines ehemaligen Rauchers. Mein Gott, ist das ein trockener Sommer! So viele Staubwolken an einem Tag! Willi stand noch immer so da, wie zuvor. Völlig starr, als hätte er die Stangen noch in der Hand. Frank und ich stiegen aus dem Auto und stellten uns mit

gebührendem Abstand hinter Willi. Von einem stolzen Schrottplatzbesitzer war nicht mehr viel übrig geblieben. Verunsichert schaute er zu Willi herüber, zumal er mit ansehen musste, wie seine mutigen Vierbeiner Fersengeld gaben. Sein Stumpen ist ihm wohl beim Husten aus dem Gesicht gefallen und sein Wappen auf der Brust hatte ein anderes Aussehen bekommen. Vorher sah es noch von weitem nach einem Drachen aus und jetzt eher wie Hähnchenreste. Ich hatte ja schon so eine Vermutung gehabt. Energisch schritt Willi auf ihn zu und ohne Umschweife fragte er: „Sag mal, war so eine lange Kalkleiste bei dir auf dem Platz und hat nach einem Vergaser für einen NSU Prinz gefragt? Basti heißt der Sausack! Vielleicht ist er dir ja namentlich bekannt?"
Die beiden standen sich Auge in Auge gegenüber und waren total eingestaubt. Willi einen Kopf größer, im Blick völlige Entschlossenheit und sein Gegenüber ängstlich und nach seinen Hunden suchend.

„Sag mal! Muss ich dir alles aus der Nase ziehen, oder hast du mich nicht verstanden?"

„Doch doch, ich habe dich verstanden und ja, der war hier. Nach einen Vergaser hatte er allerdings schon Mitte der Woche gefragt. Ich habe aber keinen und das habe ich ihm auch gesagt. Also, das ist alles."

Willi schaute fragend zu uns rüber und die Verkrampfung wich aus dem Körper seines Gegenüber. Doch bevor der wieder völlig entspannt war, lief Willi abermals in Hochform auf. „War der Spinner heute bei Dir? Und wenn ja, mit einem Auto?"

Wieder stand der arme Mann vor unserem Willi, wie eine Wanze unter einem Schuh, in dem ein Fuß steckt.

„Ja, mit einem Mercedes. Ich war ganz erstaunt, der und mit einem Mercedes. Na ja, es geschehen manchmal auch noch Zeichen und Wunder."

Habe ich es doch gewusst! Hat er sich doch tatsächlich den Mercedes von dem Hammel, aus den Rippen leiern lassen. Der kann kann doch nur unter Drogen gestanden haben. Willi drehte sich um die eigene Achse. Oh oh, das heißt nichts gutes!

„Jetzt sag mir sofort, was die Ratte von Dir wollte!!!" Vorsichtshalber rückten Frank und ich ein wenig näher an Willi heran.

„Nix weiter, er wollte mir nur ein Fahrrad verkaufen, mit dem er sonst immer hier raus gefahren ist. Er bräuchte Kohle, sagte er und ich habe ihm gesagt, ist mir klar, wenn du jetzt Mercedes fährst. Sonst nichts."

Heidi´s Fahrrad!? Mit großen Augen schaute mich Willi verwundert an, als ich ihn beiseite schob. Bin ich bis jetzt doch noch relativ ruhig geblieben, änderte sich das schlagartig.

„Haben sie ihm das Fahrrad abgekauft?" Ich wollte dem Mann an den Kragen gehen und hatte vergessen, dass ihm das Hemd dafür fehlte. Was er antwortete, habe ich nicht mehr vernommen. Als er seinen Mund aufmachte, kam mir eine Knoblauchfahne entgegen, die mir die Sinne raubte. Ein Flimmern, so wie bei großer Hitze in der Wüste, verschleierte sein Antlitz und für einige Sekunden war ich von dieser Welt, oder einfach nur in der Sahara und ich sah eine Fata Morgana. Deibel aber auch! Da rollen sich einem die Zehnägel auf.

Schemenhaft nahm ich etwas in seiner Hand wahr, hatte dieser Mann doch tatsächlich einen Rosenkranz in der rechten Hand.

Einen gläubigen Mann in der Person zu erkennen, ist mir bei dem Anblick wahrlich nicht in den Sinn gekommen. Doch bei genauerem Hinsehen, bestätigte sich der erste Eindruck von meinem Gegenüber. Das waren Knoblauchzehen! Ein an einem Band aneinander gebundene Knoblauchzehen und er hielt sie in seiner Hand, wie einen Rosenkranz. Einige von ihnen waren auch angebissen, so kann man sich auch lästiges Volk vom Halse halten. Angewidert trat ich zur Seite und zog Willi wieder zurück an meine Stelle. Der schaute mich fragend, aber wortlos an und wollte auch gleich da wieder ansetzen, wo er aufgehört hat. Seine beiden Hände schnellten nach vorne und wollten den Zwockel am Kragen packen. Natürlich war der Versuch vergeblich und so streiften seine Hände über die nackte Brust und etwas von den Hähnchenresten fielen dabei herunter. Die nun helle Stelle auf seiner Brust, zeugte wohl von einer sehr weißen Haut, die ich bei ihm nicht vermutet hätte. Aber der Dreck verhinderte anscheinend, dass die Sonne bis auf die Haut durchdringen konnte. Irgendwie schien sich bei Willi die große Wut verabschiedet zu haben, oder der Duft seines Gegenüber hat auch bei ihm seine Wirkung gezeigt. Jedenfalls kam er zu mir und fragte: „Wieso bleibst du so ruhig, wo doch dein lieber Schwager Heidi´s Fahrrad dem Sack hier verkauft hat?"

„Hä? Hat der das gesagt? Habe ich gar nicht verstanden." Das muss wohl bei mir untergegangen sein. Ist das ein Wunder, wenn einem der Gegner mit chemischen Kampfstoffen zu Leibe rückt?

„Wo ist das Fahrrad? Zeig mir das mal."

Flink, dass hätte ich ihm gar nicht zugetraut, flitzte er über den Platz, auf die alte Baracke zu, indem sich anscheinend sein Büro befand. In einer Nische zwischen dem Gebäude und einem Haufen aus übereinander gestapelten Autos, fischte er ein paar große Kartons beiseite und zum Vorschein kam ein Fahrrad. Ein Damenrad, dass ich mir genauer unter die Lupe nahm.

„Und, Heidi´s Fahrrad?", wollte Frank wissen.

Mein Gott, das habe ich doch lange nicht mehr gesehen. Andererseits, was sollte das sonst für ein Fahrrad sein? Ich schloss alle Zweifel aus.

„Ja, dass ist es. Was haben sie ihm dafür gegeben?"

Hundertfünfzig, wieso?" Ein Geschäftsmann wie er einer ist, verzieht keine Miene.

„Hundertfünfzig für ein Elektrofahrrad, was noch so gut in Schuss ist? Ich glaube es hackt! Aber anscheinend wissen sie wohl nicht, was sie für ein Geschäft gemacht haben."

Seine Augen wurden größer und sein Ton aggressiver.

„Was ich für ein Geschäft gemacht habe? Ja was denn für eins, hä? Ich habe dem Knallkopp sein Fahrrad abgekauft, was spricht denn dagegen? Der war auch mit den Hundertfünfzig gut zufrieden. Hey, ich will auch noch verdienen! Wann kommt hier schon einmal jemand vorbei und fragt nach einem Fahrrad? Also, was wollen sie von mir?"

Der meint, der wäre im Recht, was mich auf die Palme bringt.

„Man, das ist das Fahrrad meiner Frau, dass gehört nicht dem Knallkopp! Der kann es also gar nicht verkaufen, verstehen sie?"

Er drehte sich zur Seite und winkte ab.

„Bla bla, da kann ja jeder kommen und behaupten, das ist sein Fahrrad. Der hat es mir verkauft und damit basta!"

„Jetzt habe ich aber die Faxen dicke! Der Mann hat ihnen gerade gesagt, dass das Fahrrad seiner Frau gehört und deswegen nehmen wir es jetzt mit, basta!"

Willi drängelte sich zwischen uns und hatte die Hand am Rahmen des Rades und schon zog er es am verdattert aus der Wäsche schauenden Schrotthändler vorbei.

„Hey, was soll das? Ich rufe die Polizei! Das ist Diebstahl!"

„Das ich nicht lache", erwiderte ihm Willi höhnisch, „die sperren dich doch als erstes ein. Du bist doch der größte Verbrecher im Umkreis von hundert Kilometern. Sei froh, wenn wir dir nicht die Bullen auf den Hals hetzen. Also halt die Klappe."

Unbeirrt von der Drohung lief Willi mit dem Fahrrad von dannen und Frank folgte ihm wortlos.

Schwerfällig setzte ich mich in Bewegung, mein Fuß schmerzte noch immer und die Holzschuhe ließen keinen schnellen Schritt zu.

„Ich hetz euch die Hunde auf den Hals!", schrie der Zwockel hinter uns her.

„Das ich nicht lache", tönte es in einer Mischung aus Häme und Wut von Willi zurück.

Wir waren auf dem halben Weg zum Auto, als wir einen grellen Pfiff hörten. Hundegebell und Laufgeräusche ließen mich herumfahren. Die noch eben ängstlichen Hunde, kamen schnell näher und sahen beängstigend böse aus! Ich nahm die Beine in den Nacken und gab Fersengeld. Willi war nicht der Meinung, Frank schon. Humpelnd, mit den Holzpantinen an den Füßen, stolperte ich an Willi vorbei.

Der war sich seiner animalischen Ausstrahlung sicher, immer den Hunden zeigen, wer hier der Chef im Ring ist. Frank und ich verfügten wohl nicht über derartige Möglichkeiten und konnten die in der Eile auch nicht so schnell in uns finden. Frank wirbelte eine Staubwolke auf, als er am Auto ankam, die Tür öffnete und sich in Sicherheit brachte. Ich sah schon das Auto vor mir, da hörte ich hinter mir ein fürchterliches fletschen und knurren. Erst als ich eine Hand an der Türklinke des Autos hatte, wagte ich einen Blick nach hinten. Willi war von den Hunden umstellt. Einer verbiss sich in seiner Hose, die anderen wehrte er mit dem Fahrrad ab! Und so drehte er sich im Kreis und schrie:"Pfeif deine verdammten Köter zurück! Hast du was an den Ohren? Du sollst die Köter zurückpfeifen!"

Von der überheblichen Herrlichkeit gegenüber der Kreatur Hund, ist bei Willi nichts mehr zu sehen. Seine Augen drückten Verzweiflung aus. Ich konnte ihn doch nicht hängen lassen und auch Heidi´s Fahrrad nicht. Meine Augen suchten den Boden nach Schlagmitteln ab und eine kurze Eisenstange schien mir die richtige Waffe zu sein. Ich wagte die zwei Schritte dorthin , bückte mich und hob sie auf. Arg kurz! Wohler würde ich mich fühlen, wäre das Ding einen halben Meter länger. Ist sie aber nicht! Jetzt reiß dich zusammen und auf sie mit Gebrüll!

„Aaaahhhhhh!"

Ein, zwei Schritte und meine Holzschuhe schoben sich ein wenig nach vorne und ich trete mit der Hacke auf die hintere Kante des harten Schuhs.

Verdammte scheiße noch einmal, tut das weh! Der rechte Schuh knickt zur Seite und ich liege der Länge nach im Staub!

Jetzt haben mich die Hunde, schoss es mir durch den Kopf! Schnell schaute ich zum Kampfgetümmel. Doch erstaunlich und gleichzeitig auch erleichternd, sah ich das gleiche Kampfszenario wie zuvor. Die Tölen interessieren sich überhaupt nicht für mich. Hallelujah! Und ich hatte schon mit dem Zeitlichen abgeschlossen. Nehmen die mich als Gegner gar nicht für voll? Na wartet!

„Aaaaaaahhhhhhhhhhhhhh!"

Mit der Eisenstange drohend in der Hand, stürzte ich mich in das Kampfgetümmel. Meine imposante Erscheinung und wahrscheinlich auch meine überaus aggressive Kampfeinstellung, führten zum unmittelbaren Abzug der Bestien. Ich schaute mir mit Genugtuung die Stange in meiner Hand an, wohl doch nicht zu kurz.

„Wurde auch Zeit Georg, ich dachte schon, die zerfleischen mich." Willi sah ziemlich mitgenommen aus, der Kampf hatte ihm alles abverlangt.

Frank öffnete den Kofferraum und schon war das Fahrrad verstaut. Wütend schaute Willi rüber zum Schrotti, der von seinen Hunden umringt, gerade wieder genüsslich in eine Knoblauchzehe biss.

„Das hier ist noch nicht ausgestanden, du Stinkmorchel, das verspreche ich dir! Ich komme wieder und dann nehme ich Dir deine Bude auseinander!" Willi zeigte ihm noch den Stinkefinger und stieg zu uns ins Auto.

„Man oh man, ihr macht Sachen", sagte Frank vorwurfsvoll, „ mit solchen Affen lässt man sich doch nicht ein. Unterste Schublade sag ich da nur."

Er hatte wohl Recht, aber wenigstens habe ich Heidi´s Fahrrad wieder und sie wird es mir danken. Ich kann mir auch schon vorstellen wie.

„Wollen wir zur Scheune zurück?", wollte Frank wissen,

als er den Motor anließ. Willi schaute ihn verwundert an und seine rechte Hand legte sich bei Frank auf die Schulter.

„Und mein Auto? Und das Geld? Ich muss die Eierfeile unbedingt finden, Tod oder lebendig, dass ist mir wurscht!"

„Au man!" Frank verdreht die Augen. „Und kannst Du mir sagen wo? Vielleicht hast du ja telepathische Fähigkeiten, oder ähnliche Veranlagungen, dass würde die Sache natürlich vereinfachen." Das konnte Willi nicht so schnell wechseln. Sein eingestaubtes Gesicht drückte Ratlosigkeit aus, aber ebenso auch eine Portion Entschlossenheit.

„Jungs, mir fällt da gerade etwas ein! Schwiegereltern hatten früher im Stadtforst eine Holzhütte und da hat Basti sich immer herumgetrieben. Kann sein, dass der sich auch heute noch da im Wald herumtreibt. Heidi hatte mal so etwas angedeutet.Vielleicht finden wir ihn ja da?"

Lustlos legte Frank den ersten Gang ein und setzte sein Auto in Bewegung. Überzeugung sah anders aus und unseren Willi brauchte keiner zu überzeugen, er nahm dankbar meinen Tipp an, auch wegen Mangel an eigenen Einfällen. Unterwegs erzählte er uns alle seine Geschichten, die er im Laufe der Jahre mit Basti erlebt hat. Ein Schauermärchen nach dem anderen, dabei wird seine Wut nicht wirklich geringer. Ich hatte die Storys schon zigmal gehört und jedes Mal drangen sie anders an mein Ohr. Bei seiner momentanen Laune klangen die Geschichten wilder, obskurer, gar unwirklich. Ein gutes Verhältnis zu meinem Schwager hatte unser Willi noch nie, aber ein Teufel war er auch nicht. Für mich war er immer nur eine Dumpfbacke und daran wird sich auch nichts ändern.

Frank bog in den Waldweg ein, der sich durch die durch die Bäume schlängelte und mit Schlaglöchern übersät war. Frank schimpfte wie ein Rohrspatz.

„So ein Mist! Wofür habe ich gestern eigentlich meine Karre gewaschen? Und das alles nur, weil ihr geistige Aussetzer hattet."

„Hey, Moment mal! Mich kannst du nicht dazu zählen, mein Guter. Ich werde einen Teufel tun, meinem Schwager auch nur irgendwas zu leihen,dafür kenne ich die Krücke nur zu gut." Böse schaute ich in den Rückspiegel und versuchte Augenkontakt mit Frank aufzunehmen. Der blinzelte nur einmal kurz hinein und schaute lieber schnell wieder weg. Das schlechte Gewissen, was falsches gesagt zu haben. Der eigentlich Betroffene, Willi, räusperte sich. So Gedankenversunken, wie er die letzten Sekunden wirkte, glaubte ich schon, er hätte die Worte von Frank nicht vernommen.

„Ist ja gut, ihr habt ja recht, ich hab Scheiße gebaut und ihr müsst darunter leiden. Tut mir aufrichtig leid Jungs."
Wie ein kleiner Junge, der beim onanieren erwischt wurde, sackte er in den Beifahrersitz nach unten, was in Frank und mir Mutterinstinkte erweckte, die wir in uns gar nicht erwartet hatten. Ich hätte ihm übers Haar streicheln können, aber Gott Lob konnte ich mich beherrschen. Frank legte aber beruhigend seine Hand auf Willi´s Arm. Der ließ noch immer den Kopf hängen und stammelte zu unserer Überraschung.

„Ich sollte in Zukunft wohl den Alkohol aus dem Balg lassen, da kommt nichts gutes bei rum. Wenn meine Jenny das erfährt, dann reißt die mich in Stücke und das zurecht." Katzenjammer bei unseren wilden Helden und späte Einsicht.

Zwischen den Bäumen konnten wir die Hütte schon erkennen. Zwar nicht im vollem Umfang, dafür standen noch zu viele Bäume im Weg. In Willi´s Körper kam wieder Leben rein, als wir Personen an der Hütte wahrnahmen. Die Hoffnung stand ihm ins Gesicht geschrieben, endlich sein Auto unversehrt dem Sausack abzunehmen und Basti für all die Mühen zum Undank eine rein zu zimmern. Aber von einem Auto war weit und breit nichts zu sehen, geschweige denn von Basti. Ich traute meinen Augen nicht! Müffi!!! Ich hätte nun alles erwartet, aber nicht den Stinkstiefel. Verdutzt stand er mit offenen Mund vor der Hüttentür und sah genauso aus wie immer. Scheußlich!! Zwei Gestalten kamen hinter der Hütte hervor und stellten sich neben meinen guten, alten Bekannten. Schade, das ich keine Kamera dabei hatte, die dummen Gesichter hätte ich zu gerne aufgenommen. Steinzeitmenschen im Urwald!

„Watt....watt wollt ihr denn hier?"

„Blöde Frage! Jetzt mal eine berechtigte Frage, was wollt ihr hier? Und sagt mir nicht, dass ist eure Hütte."

Müffi´s Frage wurde von Willi gleich ausgekontert und ich stellte eine erstaunlich schnelle Kehrtwende zum alten Willi fest. Forscher Ton und ein sicheres Auftreten. Klar das Müffi davon beeindruckt war. Jetzt erkannte ich auch die anderen Beiden. Ha! Die drei Musketiere vereint im Wald, um einen Plan gegen Richelieu auszuhecken und wir sind live dabei.

„Nö, unsere Hütte ist das nicht. Wir machen nur eine kleine Rast, auf unserer Wanderung, durch den Wald. Also, wir ruhen uns nur ein wenig aus."

Nanu, so kleinlaut von einem der drei Musketiere?

Hätte ich von so einem stattlichen Kämpfer für die Gerechtigkeit nicht erwartet.

„Guck mal hier, sind das nicht frische Reifenspuren?" Frank stand ein paar Meter entfernt neben der Hütte und winkte uns zu sich. Interessiert schaute sich Willi das markante Profil der Reifen an.

„Du hast recht, alt sind die Spuren noch nicht, höchstens einige Stunden." Willi ging in die Knie und versuchte, wie ein Indianer die Spur zu lesen. Seine Finger gingen dem Zickzackmuster nach und mit zusammengekniffenen Augen versuchte er was zu erkennen. Das sah schon professionell aus, Karl May hätte seine wahre Freude gehabt und ihn sicherlich in seine Bücher mit aufgenommen. Müffi und seine Kumpanen rückten näher. Sie taten interessiert an dem Treiben und ihre Blicke zollten dem vermeintlichen Fährtenleser großen Respekt aus. „Scheiße, keine Ahnung, kann von meiner Karre sein, kann aber auch nicht."

Schwerfällig kam Willi wieder auf die Beine....runter ging vorher eleganter.

„Sagt mal, ihr drei „Wandergesellen", habt ihr hier an der Hütte ein Auto gesehen? Vorhin vielleicht?"

Die drei gingen einen Schritt zurück und schauten sich an. Fragend, aber die Unwissenheit stand ihnen deutlich ins Gesicht geschrieben. Neben der Hütte sah ich eine schmuddelige Leinentasche mit Reiseproviant für Musketiere. Flüssige Nahrung, die die Sinne schärft und Kraft für höhere Aufgaben gibt. Komischerweise waren sie sich uneins, wer denn jetzt von ihnen antworten sollte. Müffi wurde wieder ausgeguckt.

„Ja, da war vorhin ein Auto. Ich habe leider keine Uhr auf, deswegen kann ich auch nicht sagen, wie lange das her ist."

Er schaute runter zu seinem kleinen Begleiter.

„Ali, du hast doch eine Uhr auf, wie spät war das ungefähr?" Der lächelte verlegen und seine Knabberleiste war gelb vom starken Tabakkonsum.

„Ne du, ich hab doch keine Batterie drin."

„So ein Quatsch, die Uhrzeit interessiert mich überhaupt nicht. Habt ihr den Fahrer gesehen, so ein langes Elend?" Willi gestikulierte ungeduldig mit Händen und Füßen. Da tauten die drei aber auf.

„Na klar, Basti, der war hier." Mich wundert nun gar nichts mehr, den kennt doch Gott und die Welt und die drei Musketiere. Die Geschichtsbücher müssen umgeschrieben werden. Müffi grinste jedenfalls wie ein Honigkuchenpferd.

„Wann der weggefahren ist, weiß ich nicht mehr. Sag mal Ali, wie spät war das, als unser Wohltäter sich vom Acker gemacht hat?" Der kleine Ali schaute herauf und lächelte genauso dämlich wie zuvor.

„Weiß ich nicht Berni, ich hab keine Batterie in meiner Uhr." Müffi hat einen Namen! Einer der drei Musketiere heißt doch tatsächlich Berni und der andere, man höre und staune, Ali. Sicherlich hießen die vor ein paar hundert Jahren noch anders, aber es ist ja eine neue Zeitära.

Und sagte Müffi, äh Berni nicht was von Wohltäter? Bevor ich fragen konnte, wie er das im Zusammenhang mit Basti meinte, sprang Willi einen Schritt auf die Helden zu und auch gleich wieder zurück. Hätte ich ihn warnen sollen? Musketiere sind gefährliche Wesen und ich musste das schon am eigenen Leib erfahren. Ich sage nur Busfahrt!

„Was war das denn für ein Auto? Ein Benz? An Willi´s Körperhaltung gab es keine Zweifel.

Am liebsten hätte er ihnen die Antworten raus geprügelt.
„Ne, oder?" Berni schaute wieder runter, aber diesmal zur anderen Seite, nicht zu Ali.
„Ein Benz war das nicht, oder was sagst du Antonio?"
Ein internationales Besäufnis im Walde. Die moderne Fremdenlegion des französischen Königs, der schon lange das Zeitliche gesegnet hat, wenn der wüsste.
Antonio schüttelte den Kopf und machte wohl den Eindruck eines wissenden.
„Die Kutsche war bestimmt kein Benz, ich glaube eher ein Mercedes." Berni nickte zustimmend und Willi schlug sich mit der flachen Hand vor die Stirn. Ali kümmerte sich derweil um die schmuddelige Leinentasche, neben der Hütte. Willi drehte sich zu uns um.
„Man, habe ich die Schnauze voll, ich könnte es ausschreien! Was ist das nur für eine Welt geworden? Ich gebe es auf, was meint ihr? Sollte ich lieber nach Hause fahren und mich ins Bett legen, oder mich gleich erschießen?"
„Komm beruhig dich, gegen diese drei Musketiere hast du nicht den Hauch einer Chance. Die sind uns geistig um Längen überlegen." Ich rieb mit meiner Hand über seine Schulter und ein gequältes Lächeln huschte über seine Lippen.
„In so einer Situation findest du die richtigen Worte. Drei Musketiere! Wenn es für die Menschheit nicht so traurig wäre, könnte ich glatt lachen. Drei Musketiere...ha!
Das haben sie gehört. Geschmeichelt grinsten sie sich an und klopften sich gegenseitig auf die Schultern.
Jaaa, man hat sie erkannt. Frank krümmte sich vor lachen über die Motorhaube seines Autos und Willi stand kurz davor aufzugeben, um nach seinem Auto zu suchen.

„Hey", mischte ich mich ein, „wo ist Basti hingefahren? Habt ihr das denn wenigstens mitbekommen?"

Ali hatte mittlerweile eine Flasche Bier in der Hand und stupste Berni an, der noch immer euphorisch war, erkannt worden zu sein.

„Haste gehört? Die wollen wissen, wo unser Wohltäter hin ist. Soll ich sagen?" Er wartete die Antwort nicht ab.

„Inne Stadt ist der gefahren, nach Dumitz, oder Dubitz, oder so." Berni wurde böse. „So ein Quatsch, nach Günther hat er gesagt!" Er gab Ali einen Klaps auf den Hinterkopf. Der kniff die Augen zusammen, duckte sich und nickte. „Oder so."

„Den kenn ich", antwortete Berni, „das ist ein Freund von Basti, aber der wohnt allerdings mitten in der Stadt und Parkplatzsuche ist da zwecklos." Willi zog an meinem Ärmel. „Los weiter, bloß weg hier!" Ich streifte seine Hand ab.

„Eine Frage noch Mü....., äh Berni, wieso sagt ihr immer Wohltäter, wenn ihr von Basti redet?"

„Ja, wie soll ich sagen? Der besorgt uns öfter mal eine Kiste Bier und auch Schluck, zudem den Proviant für unsere Wanderung. Den Beutel da hinten hat er auch besorgt. Ali heb mal hoch!"

Alle drei lachten dreckig und Ali tat, was Berni ihm befahl. Ich könnte heulen, wo hat der dumme Sack wohl das Geld für solche Großzügigkeiten her? Von Heidi? Und wenn nicht direkt von ihr, dann von dem Verkauf des Fahrrades. Also im Endeffekt von mir. Ich finanziere also auf Umwegen und unbewusst, dass Besäufnis von Müffi und Konsorten. Völlig genervt stolperte ich zum Auto, wo die Beiden schon ungeduldig auf mich warteten.

4

Auf der Fahrt in die Stadt ging mir eine Menge durch den Kopf, nur nichts gutes. Hätte mich nur einer von beiden da raus gerissen, aber ne, die waren auch am grübeln. Nicht einmal den bestialischen Gestank im Auto, hat jemand von ihnen bemängelt. Frank fragte mich kurz vor der Stadt, wo er denn hinfahren müsse. Zum Glück ist er nicht begriffsstutzig und steuerte zielstrebig in die City. Rappelvoll, wie erwartet und mit Baustellen an jeder Ecke. Wir eierten kreuz und quer durch die Gegend, bis wir endlich einen Parkplatz gefunden hatten. Viel weiter weg von unserem Ziel, als ich erhofft hatte. Grimmig stiegen wir aus dem Auto aus und ein Fingerzeig von mir wies ihnen den Weg. Meine Holzschuhe waren mörderisch. Ich hatte Mühe, ihnen zu folgen, zumal mir ein Fuß noch immer schmerzte. Humpelnd legte ich ab und an einen Zwischenspurt hin, den meine Freunde gar nicht bemerkten. Die starrten stur nach vorne und bekamen nichts von den Blicken der Passanten mit. Frank sah ja noch ziemlich manierlich aus, ein bisschen eingestaubt, sonst nichts. Aber Willi! Mehr, als nur ein bisschen eingestaubt und seine Hose völlig zerfetzt. Von mir mal ganz zu schweigen. Das Klock Klock der Holzschuhe auf dem Bürgersteig, hallte jetzt besonders laut von den Wänden der Häuser zurück. Hier am Stadtrand der City, wo die grauen Wohnhäuser begannen und sich zu meiner Beruhigung nicht mehr so viele Menschen tummelten, kriegten auch meine Vorderleute den Lärm meines Schuhwerkes mit.

„Du bist das! Ich denke schon seit einiger Zeit, wo die komischen Geräusche wohl herkommen?"

Frank schaute runter zum meinen Füßen und schüttelte den Kopf.

„Ist das jetzt die neueste Mode? Sag mal Georg, wie sehen die überhaupt aus? Pottendreckig und mit ordentlich Mist dran. Wo hast du die Dinger denn gekauft?" Ich winkte ab. „Das ist eine lange Geschichte, wenn ich die jetzt erzählen würde, würde das den Zeitrahmen sprengen."

Wir gingen an einer Gruppe junger Leute vorbei, die an der Ecke von einem der grauen Wohnhäuser standen und durch den Lärm, den ich machte, auf uns aufmerksam wurden.

„Guckt Euch die Bauern an, haben die Scheiße noch an den Schuhen! Ey ihr Landeier, habt ihr euch verlaufen? Wo habt ihr denn euren Trecker gelassen? Sie lachten sich scheckig. „Ne", sagte ein anderer, „sicherlich sind die auf Kühen hierher geritten." Das löste noch mehr Schadenfreude aus. Jeder meinte er müsse seinen Kommentar dazu beitragen Schimpfwörter wurden hinter uns hergerufen und eigentlich waren wir schon an denen vorbei, als Willi sich wutentbrannt umdrehte und auf die Bande zulief, immer schneller werdend. Diese Verstummten, als sie in Willi´s Gesicht schauten.

„Ich schiebe euch gleich geschmeidig eure brennenden Zigaretten in den Arsch und das Landei macht jetzt Hühnergeschnetzeltes aus euch!"

Dem Wortführer der Jugendlichen fiel die Zigarette aus dem Mund. Er war vielleicht gerade mal sechzehn und machte das einzig Richtige.

„Los schnell weg hier, der Bauer hat keinen Humor!"
In alle Richtungen liefen sie davon. Frank und ich waren froh, das es nicht zur Eskalation gekommen war. Willi kam sichtlich erregt wieder zurück.

„So eine Schweinebande, große Klappe und nichts dahinter!"

„Sag mal Georg, ist das noch weit bis zu diesem Günther? Allmählich habe ich keinen Bock mehr, durch diese Gegend zu wandern." Frank hatte recht, mir ging es auch nicht anders.

„Zehn Minuten vielleicht noch. Dahinten links, die nächste rechts und die zweite wieder links, Hausnummer 87, dritter Stock links, Mike Günther."

Frank schaute völlig verwundert. „Ich dachte, der heißt Günther mit Vornamen."

„Ne Frank, mit Nachnamen." Willi blieb stehen und breitete seine Arme aus, um uns am weitergehen zu hindern.

„Guckt mal da vorne. Ach Du Scheiße! Die Schweinebande hat sich Verstärkung geholt! Die sehen aber nicht gerade friedfertig aus! Ich glaube es wird besser sein, wenn wir uns vom Acker machen, oder habt ihr einen besseren Vorschlag?"

Der Wortführer der Jugendlichen stand vor einer Meute von Männern mit Schlägervisagen und zeigte zu uns herüber. Das heißt wahrlich nichts gutes! Mein Herz schlug bis zum Hals, ich schätze, bei meinen Freunden sieht das nicht anders aus. Wir zeigten in verschiedene Richtungen und einigten uns dann doch auf eine. Nur weg hier!!! Im Laufschritt schrie Frank noch zu Willi herüber: „Das haben wir alles dir zu verdanken, du Ochse! Das du dich auch nicht beherrschen kannst! Maaaan!!"

Das klackern meiner Schuhe hallte noch lauter von den Wänden zurück, aber es war eindeutig schneller, als vorhin. Erstaunlicherweise konnte ich mit ihnen mithalten. Angst verleiht Flügel!

Wir rannten um die Häuserecke. Am Ende der Straße konnten wir die Fußgängerzone sehen. Das wird unsere Rettung sein! Zwischen den vielen Menschen werden die uns gewiss nicht attackieren, redete ich mir ein. Poh, ich war allmählich an meine Grenzen angekommen und kurz davor, einen Krampf im Bein zu kriegen. Ich hechelte mir die Lunge aus dem Leib. In Verbindung mit dem Rauschen um die Ohren, durch den Laufwind, vernahm ich kaum noch das klackern meiner Sportschuhe. Da ich nicht wirklich schneller wurde, eher langsamer, wunderte ich mich, dass ich keinen meiner Freunde vor mir laufen sah. Ich schaute über meine Schulter nach links, keiner von beiden zu sehen, ich schaute nach rechts, auch keiner. Ja verdammt, wo sind die? Vollbremsung! Gar nicht so einfach mit den Holzpantinen. Die hatten keine Gummisohle und so rutschte ich noch ein paar Meter weiter. Direkt auf ein knutschendes Pärchen zu. „Voooooorsicht!!!", aber die waren so vertieft und so verliebt, dass die nichts mitbekamen. Ich riss noch die Arme schützend vor meinem Kopf und dann knallte ich hinein. An den massigen Körper des Mannes prallte ich ab und fiel zu Boden. Der konnte sich auch nicht mehr auf den Füßen halten und landete unsanft auf den Bügersteig. Unsanft weniger für ihn, mehr für seine weibliche Begleitung, die unter ihm lag. Leute blieben stehen und hievten den Mann von der jungen Dame. Ich hörte schon einige Passanten über mich schimpfen und dann polterte der gefallene Mann los.

„Sie...sie! Ich reiße ihnen den Arsch auf! Das wird ihnen noch leid tun, da können sie einen drauf lassen! Wenn meine Freundin sich verletzt hat, dann schleppe ich sie vor den Kadi!"

Jetzt hatte ich aber die Kacke am dampfen, aber wenigstens taten mir die Knochen nicht weh. Aber Moment mal! Die Stimme kenn ich doch! Normalerweise hätte ich jetzt einen auf verletzt gemacht und wäre lieber liegen geblieben. Schnell rappelte ich mich auf, um mich zu vergewissern, ob er es ist. Verdammt! Auf meine Ohren kann ich mich verlassen. Und dann erkannte mich auch mein Gegenüber, der Gefallene, der, der Oberschlawiner. „Oh Georg! Äh..., wie kommst du denn hierher?" Ihm fehlten die Worte, dabei ist der nun wirklich nicht auf den Mund gefallen. Sah ich mich doch schon vor den Kadi, hat sich meine Lage ziemlich schnell zum Positiven gewendet. „Ach Werner", machte ich einen auf scheinheilig, „einen kleinen Bummel durch die Stadt machen und das ohne deine Holde?" Er baute sich vor mir auf und nahm seinen Zeigefinger vor den Mund. Das entsetzen stand ihm ins Gesicht geschrieben. Sah ich da Schweißperlen auf seiner Stirn?

„Du Georg, ich......"

„Willst du dich nicht erst einmal um deine Begleitung kümmern?" Er nickte kurz und drehte sich zu ihr um. Passanten hatten ihr in der Zwischenzeit auf die Beine geholfen und sie schaute ihn böse an. Ein kleines Menschenknäuel hatte sich um uns gebildet und sie diskutierten über den Unfall. Irgendwie kamen sie nicht mit der Rolle von Werner zurecht, sind sie doch wohl davon ausgegangen, dass er mir an die Gurgel geht. Seine Begleitung wohl auch. Und der böse Rüpel von einem Bauern, grinst auch noch höhnisch. Versteh da einer die Welt.

„Und Scha...., äh Jenny, ist bei dir alles in Ordnung?"

„Willst du das wirklich wissen Werner? Nein!! Verprügel diesen wilden, ungehobelten Bauern und anschließend kaufst du mir eine neue Hose. Guck dir mal diese Flecken an." Eine Frau fragte Werner, ob sie die Polizei rufen sollte. Ich grinste ihn frech an.

„Nein, sehr nett von ihnen, aber das regeln wir so. Danke." Damit löste sich der Menschenknäuel langsam wieder auf.

„Was ist Werner?" Sie war hartnäckig und wollte von unserem Firmenarsch taten sehen. Er wendete sich ab, schob sie ein wenig zur Seite und sagte halblaut, ich konnte es trotzdem verstehen: „Schatz, ich mache mir doch nicht an so einem die Hände dreckig, dass werde ich anders regeln. Setz du dich da hinten an der Ecke ins Cafe und ich lass mir seine Personalien geben."

Sie schmollte und wollte nicht, doch Werner drückte sie vorsichtig in die besagte Richtung, bis sie dann nachgab. Für einige Sekunden schaute er ihr nach.

Verlegen schaute er mich an, mit einem gequältem Lächeln auf den Lippen.

„Alle Achtung Werner, die ist aber hübsch. Hätte ich dir überhaupt nicht zugetraut, du Schwerenöter du."

Das ging mir so locker über die Lippen und so ironisch. Er konnte seine Fälle davonschwimmen sehen, dass sah ich ihm an und er wird alles tun, um dass zu verhindern. Ich wollte mich überraschen lassen, was er dafür anstellen würde, um das zu verhindern. Das wird mir nach all der Schmach, die er uns in der Firma angetan hatte, eine Genugtuung sein. Wie ein Häufchen Elend stand er vor mir, seine feuchten Hände verlegen reibend und nach Worten suchend.

„Ja ja Werner, spuck es schon aus." Ich konnte meine Schadenfreude nicht verbergen.

Und Logischerweise fragte er das, was ich erwartet hatte.
„Du Georg! Du wirst doch nicht darüber reden, oder?"
Mein Gott! Das Großmaul so kleinlaut erleben zu dürfen.
Endlich an einem meiner großen Ziele angekommen.
Hurra!!!
„Werner! Ich will ja nicht päpstlicher, als der Papst sein
und als Moralapostel eigne ich mich auch nicht, aber das
hätte ich nun nicht von dir erwartet."
„Ich weiß Georg, aber wenn man Geld hat, wird es einem
sehr leicht gemacht."
„Du scheinst zu vergessen Werner, dass es das Geld deiner
Frau ist, dass dich so begehrenswert bei der jungen
Damenwelt macht. Da braucht man schon einen starken
Charakter, nicht wahr Werner?"
Mann das ging runter, wie Öl. Hab gar nicht gewusst, was
sich in mir so alles im Laufe der Jahre aufgestaut hat und
was ich in so einem Moment für ein Schwein sein kann.
Chapeau vor mir selbst!
„Georg, was soll ich sagen? Gewiss hast du recht, aber es
ist nun mal passiert. Ich verspreche dir, das ich die Liaison
beenden werde. Könntest du mir versprechen, nichts über
den Vorfall in der Firma zu erwähnen? Du hast was gut bei
mir." Mit großen wässrigen Augen schaute er mich
flehend an. Hab ich das Arschloch in die Knie
gezwungen? Manchmal hilft einem der Zufall! Ich gab
mich großzügig, schließlich wollte ich meine positive
Position ihm gegenüber nicht so schnell einbüßen.
„Ich will mal nicht so sein Werner, aber das mit einem gut
haben bei dir, da komm ich bestimmt drauf zurück und
stell dich darauf ein, dass es nicht bei einem einen bleibt.
Ist dir doch recht, oder?" Er nickte, was sollte er auch
machen?

„Und noch was Werner. Nicht das du auf die Idee kommst, nachdem du die Kleine abgeschoben hast, alles zu leugnen und dann wieder den alten Werner in der Firma raus hängen lässt, geht nicht. Ich habe mit dem Handy in meiner Tasche dich und deine Freundin fotografiert und habe teile unseres Gespräches aufgenommen, also vergiss es." Er wurde blasser, als je zuvor. Kann ich verstehen, sah er doch sein Leben in Saus und Braus, sich in Luft auflösen. Er nickte wie jemand, dem man die Pistole auf die Brust gesetzt hatte. Aus dieser Nummer kam er nicht mehr raus. Er schaute noch kurz und kommentarlos auf meine Holzschuhe und trottete wie ein angeschlagener Boxer von dannen. Möge es nicht zum äußeren kommen, wo er dann feststellt, dass ich gar kein Handy dabei hatte. Man kann ich bluffen. Erleichtert schaute ich hinter ihm her, mit einem zufriedenen grinsen im Gesicht.

Sag mal Georg! Da war doch was! Scheiße auch! Ich habe ganz vergessen, dass wir vor einer wilden Horde weggerannt sind, zusammen mit Willi und Frank. Von den beiden, so wie von der Horde war weit und breit nichts zu sehen. Hastig schaute ich die Straße nach allen Seiten ab. Verdammt, keine Spur von den Beiden! Ich wollte gerade über die stark befahrene Straße gehen, da nahm ich das Sirengeheul eines Polizeiautos wahr. Sicherheitshalber blieb ich erst einmal auf dem Bürgersteig stehen. Gott sei Dank! Denn mit einem Affenzahn schoss ein Auto um die Ecke und jagte an mir und den entsetzten Passanten vorbei. Hölle!!! Das war Frank´s Auto und die Polizei war ihm dicht auf den Fersen! Ja spinn ich? Mit offenen Mund schaute ich unglaubwürdig hinter den Fahrzeugen her. Was ist da passiert?

So gut es meine Holzschuhe und mein lädierter Fuß es zuließen, eierte ich zurück in die schreckliche Gegend, aus der wir fliehen mussten und in die Frank mit seinem Auto gefahren ist. Ne, gerast! Zum Glück war von der wilden Horde nichts mehr zu sehen. Von Sorge und Wut getrieben, bog ich in die Straße ein, in der Mike Günther wohnt.

Alle möglichen Autos standen da herum, nur nicht Frank seins. Aber Willi konnte ich vor dem Eingang des Hauses mit der Nummer 87 erkennen. Erleichtert atmete ich erst einmal durch. Wenigstens den habe ich wiedergefunden. Als der mich sah, kam er mir entgegengelaufen.

„Sag mal du Nase, wo kommst du denn jetzt her und wo ist Frank?" Er war schon ziemlich laut und ungehalten. Ich erzählte ihm, was mir passiert ist und das Frank von der Polizei gejagt wird. Das war zu viel des Guten. Er schlug sich mehrmals mit der flachen Hand vor die Stirn, bis sie knallrot war. Ich hatte bedenken, dass er sich einen Dachschaden holen könnte, bei so einer heftigen Aktion. Aber als Verursacher des Dilemmas, stand ihm das ganz gut zu Gesicht. Mea Culpa! Einsichtiger machte es ihn allerdings nicht.

„Scheiße, jetzt haben wir kein Auto mehr und können deinen kaputten Schwager zu Fuß jagen!"

„Erst müssen wir zu dem Mike gehen, falls der da ist und dann sehen wir mal, wie es weitergeht." Willi winkte ab.

„Hab ich schon gemacht. Ich war bei ihm oben, als ihr Memmen abgehauen seit."

„Und, was hat er gesagt?"

„Unterbreche mich doch nicht. Der Kaputte, Dein Schwager, wollte zum Mercedes Händler, hier in der Stadt! Welcher das sein soll, wusste der auch nicht."

„Na toll!" Am liebsten wäre ich jetzt zusammengebrochen.
„Dieser Mike ist genauso ein Penner, wie dein Schwager, die passen bestens zusammen."

„Ja und worauf warten wir noch?", fragte ich, „dann lass uns mal los tigern. Zur Abwechslung könnten wir mal die Schuhe tauschen." Da tat er so, als würde er das nicht hören. Von weitem, irgendwo aus der Schlucht der großen Häuser, klang leise eine Polizeisirene und wir schauten uns wortlos an. Es könnte so einfach sein! Isses aber nicht! Nach einigen Minuten Fußmarsch, befanden wir uns mitten in der Fußgängerzone.

„Sag mal", fragte mich Willi, „hast du Hunger?" Irgendwie schon, obwohl der Duft meiner Schuhe mir permanent auf den Magen schlägt.

„Hast du denn Geld dabei?"

„Wieso ich? Ich dachte, du hättest was dabei." Beiden grabbelten wir in unsere Hosentaschen herum und beförderten ein paar Münzen hervor.

„Bratwurst?" Willi schaute mich fragend an.

„Ne, reicht nicht. Pommes, aber ohne Mayo." Fand Willi nicht wirklich gut, ist er doch ein Fan der guten Wurst. Aber wie heißt es doch so schön, in der Not frisst der Teufel fliegen. Eine Frittenbude zu finden war kein Problem. Unsere Großbestellung zollte dem Gourmetkoch ein müdes Lächeln ab. Wussten doch viele, seine kulinarischen Köstlichkeiten zu schätzen. Die Portion auf den edlen Papptellern legten Zeugnis davon ab, wie es ihnen munden musste. Klein, sehr klein! Willi schaute sich seinen Pappteller genau und kritisch an.

„Die krummen Dinger so trocken runterwürgen und Einsfünfzig für so wenig. Ich mach demnächst auch ne Pommesbude auf."

Der Inhaber schaute schon scheel zu uns herüber.

„Sag mal Meister, was kostet der Senf?"

Missmutig schaute der Maitre von oben auf Willi herab.

„Was soll der schon kosten?" Eine merkwürdige Handbewegung folgte der Frage.

„Nichts! Den gibt es als Beilage zu diversen Gerichten dazu."

„Dann mach mal ein Schälchen damit voll und reich ihn uns als Beilage, für unsere furztrockenen Pommes rüber. Der Küchenchef schnappte nach Luft und seine Bediensteten stellten schlagartig ihre Aktivitäten ein. Entgeistert warteten sie auf die Reaktion ihres Chefs. Sie kannten ihn nur zu gut. Nachdem dieser den ersten Schock verdaut hatte, entglitten ihm die Gesichtszüge zu einer Grimasse. Zornesrot, wild gestikulierend sprang er durch seinen Gourmet Tempel und brüllte: „ Macht euch vom Acker, ihr blödes Bauernpack!! Geht dahin, wo ihr herkommt!!"

Oh oh! Sicherheitshalber fasste ich Willi am rechten Arm, in der Vermutung, dass er sich gleich vergisst und sich den Knilch zur Brust nimmt. Wie konnte ich vergessen, dass er noch einen linken Arm besaß. Mit dem pfefferte er seine Pommes Schale dem Spitzenkoch um die Ohren! Schützend hob der seine Arme vors Gesicht und kniff die Augen zu.

„Steck dir deinen Fraß an den Hut, du Armleuchter und sei froh, dass ich dir deine Hütte nicht zerlege!"

Die drei Damen vom Grill stellten sich ängstlich hinter ihrem Chef. Peinlich berührt schaute ich in die Runde und sah lauter betroffene Gesichter auf Willi gerichtet, aber auch auf seinen Kontrahenten. Einige steckten ihre Köpfe zusammen und tuschelten.

„Ich ruf die Bullen!", schrie der Küchenchef.

„Und ich das Gesundheitsamt! Ich könnte mit dir wetten, das die dir die Bude zumachen, bei dem Schweinefraß den du den Leuten hier vorsetzt. Das ist schwere Körperverletzung!"

Zu meinem erstaunen wendete sich das Blatt. Einige Kunden nickten zustimmend und taten es Willi gleich. Sie schmissen ihre Schalen mit Essen vor und über die Theke. Plötzlich wurde die Geschichte zum Selbstläufer. Eine ältere Dame neben mir schmiss ihre Currywurst dem Küchenchef direkt ins Gesicht. Ein hämisches Lachen folgte der Aktion. Schon griff sie sich eine Schale Pommes mit Mayo vom Nebentisch und schleuderte sie gezielt in die gleiche Richtung. Der junge Mann, dem sie die Pommes entwendet hatte, schaute erst erbost, musste dann aber doch herzhaft lachen. Alle die im Laden waren warfen, was sie gerade erwischen konnten, rüber zur Küche. Es schepperte und klatschte , bei Flaschen ging auch was zu Bruch, die Tische wurden umgestoßen und die Stühle flogen nach draußen. Das Küchenpersonal hat sich mit ihrem Chef hinter der Theke in Sicherheit gebracht. Ich schaute in die gutgelaunten Gesichter der ehemaligen Kundschaft. Spaß verbindet. Voller Wonne beteiligten sich ausnahmslos alle an den erfreulichen Aktivitäten, außer Willi und mir.

Wir hatten beide ein mulmiges Gefühl in der Magengegend bekommen und fassungslos schauten wir zu einem gepflegten Mann herüber. Einer mit Anzug und Krawatte, eine Art Bänker oder so, der so alles warf, was er in die Finger bekam. Auch die Handtasche seiner Nachbarin. Ich glaube, so aus vollem Herzen hat der noch nie gelacht.

Wir beide zuckten zusammen, als plötzlich die Tür aufgerissen wurde. Eine Gruppe junger Punks stand in der Tür und grinste breit.

„Randale!", rief der Erste von ihnen. Als sie die Stühle von draußen auseinander rissen und mit den Stuhlbeinen drinnen das Mobiliar gerade rückten, machten Willi und ich uns aus dem Staub. Mit gebührendem Abstand schauten wir noch einmal zurück. Die Menschentraube wurde immer größer und als noch eine Fensterscheibe zu Bruch ging, nahmen wir die Beine in die Hand. Völlig außer Atem setzten wir uns in dem Park unserer Stadt auf eine Bank. Mit gesenkten Köpfen starrten wir den Boden an und schnappten nach Luft.

„Scheiße Willi, das ist nicht gut verlaufen."

Ich musste noch einmal tief Luft holen und schaute Willi im Profil an.

„Nix im Magen, aber Ärger am Hacken. Sag was Willi!"

„Ja verdammt, du hast ja recht!" Mit seinem Fuß zog er Striche in den weichen Boden vor der Bank und stützte seinen Kopf mit den Händen ab.

„Das alles haben wir deinem Schwager zu verdanken. Wenn diese Kröte nicht wäre, dann wäre das alles nicht passiert."

„Hätte, hätte Panzerkette. Ob du wohl deinen Beitrag zu den Geschehnissen beigesteuert hast? Jetzt schieb nicht alles auf Basti ab. Du hast ihm dein Auto doch freiwillig gegeben, oder hat er dich dazu gezwungen?"

Von weitem hörte ich wieder Polizeisirenen. Auch Willi setzte sich wieder gerade auf und horchte in den Wind, genau wie ich. Gesagt haben wir beide nichts, aber gedacht bestimmt das gleiche. Sind die noch immer hinter Frank her, oder auf dem Weg zur Pommesbude?

Jetzt schön zu Hause auf der Couch liegen und damit den Tag bis zur Sportschau vertrödeln, ach wäre das schön.

Vergeblich wartete ich auf eine Antwort von Willi.

„Dann sag mal, willst du immer noch auf die Suche nach Basti gehen? Von meiner Seite aus macht das wenig Sinn."

„Ich gebe nicht auf, komme da was da wolle! Jetzt erst Recht!"

Ich breche zusammen und zwar Saft und kraftlos. Ich richtete mich gegen meinen Willen auf, schlug Willi auf den Rücken und machte mit der rechten Hand eine Aufwärtsbewegung, denn lange rumhängen macht nur träger. Wie ein Blitz richtete er sich auf und ließ mich zusammenzucken. Mein Gott, soviel Energie hat der noch? Mir schwante nichts gutes. Ich zeigte nach links, er nach rechts. Mit Autohändlern kennt er sich besser aus.

5

Ich war froh, als ich das beleuchtete Schild des Mercedes Händlers sehen konnte.Das Hinken ist mir mittlerweile in Fleisch und Blut übergegangen und die Geräusche von den Holzschuhen nahm ich nur noch sporadisch wahr.

Am großen Schaufenster bin ich stehen geblieben und Willi ging hinein. Durch das Glas sah ich ihn mit einer Person, ähnlich gekleidet wie der in der Pommesbude, angeregt unterhalten. Es hatte auf mich den Anschein, dass sie sich gut kannten. Aber welch ein Wunder, kamen sie doch aus der gleichen Branche.

Die vielen schönen Autos hinter der Scheibe lenkte meine Blicke von den beiden ab. Unter anderen Umständen wäre ich gerne hinein gegangen und hätte am liebsten eine Probefahrt gemacht, wie schon öfters mal. Gut angezogen und dann einen auf dicke Hose gemacht. Hat das ein, oder andere mal was gebracht und mir so eine Probefahrt ermöglicht. Der Verkäufer sah schon eine fette Provision und meiner Heidi war es peinlich. Sie hatte noch nie so ein Statussymboldenken in Sachen Autos, wie ich. Es musste schon etwas vernünftiges und neues bei ihr sein, aber bezahlbar. Bis heute blieben meine Träume unerfüllt, aber angucken kann sie mir ja nicht verbieten. Ich stellte mir gerade vor, wir verkaufen unser Haus und holten uns einen von diesen tollen Sportwagen, da tippte mir jemand auf die Schulter.

„Der war hier und was meinst du, was der wollte?"
Erst reißt er mich aus meinen Träumen und dann auch noch mit so einer blöden Frage. Willi sah wütend aus und ich suchte nach einer Antwort. Brauchte ich aber nicht, denn wenn Willi wütend war, gab er sich die Antworten immer selber.

„Der fragte nach einer Reparatur an meinem Mercedes und das so schnell, wie möglich, am besten sofort." Willi prustete einmal durch.

„Vorne rechts der Kotflügel mit Scheinwerfer und den Kühlergrill samt Kühler. Das Auto wäre fahruntüchtig und müsste abgeholt werden." Seine Stimme überschlug sich fast.

„Und stell dir mal vor, in welcher Farbe das Auto ist?"
Auch die Antwort kam prompt. „In schwarz! Hast Du gehört? In schwarz!" Er wendete sich ab von mir und trat gegen einen kleinen Stein auf dem Boden.

Der drohte in ein Auto neben der Werkstatt zu fliegen. Ich mochte gar nicht hinschauen und wartete mit einem Gesichtsausdruck, als würde ich eine Spritze bekommen, auf den Einschlag. Mit spitzen Lippen pustete ich aus, da der Stein plötzlich eine andere Fluglinie einnahm. Er schlug heftig in einen Baum ein, der neben dem Bürogebäude des Autohauses stand und prallte von da ab, in ein anderes Auto. Klong machte es kurz und trocken und mein Puls schoss in die Höhe. Ängstlich schaute ich mich um, ob das jemand mitbekommen hat, anscheinend nicht. Willi hat überhaupt nichts mitbekommen und schaute irritiert umher. Wiederstandlos ließ er sich von mir vom Platz ziehen. Er grummelte sich etwas in seinen nicht vorhandenen Bart. Ich hörte diesmal gar nicht hin und wollte auch gar nicht wissen, was er da von sich gab. Konnte sowieso nichts gutes sein, so wie ich ihn kenne. Sirenengeheule aus der Ferne rüttelte mich wieder auf, so viel Sirenengeheule habe ich noch nie gehört, zumindest nicht in so kurzer Zeit. Ich befürchtete, dass wir den ganzen Polizeiapparat in Gang gesetzt haben und alle nach uns suchen. Mir lief eine Gänsehaut den Rücken runter.
„Wir müssen nach Auto Welfer, Schröder sagte mir, dass er im Auftrag von Basti dort angerufen hat und da anscheinend kurzfristig einen Termin bekommen hat. Mir bleibt aber auch nichts erspart."
Zum ersten Mal nach längerer Zeit schaute Willi mich an und schüttelte entschuldigend den Kopf.
„Natürlich uns, uns bleibt nichts erspart, wollte ich sagen."
Wohlwollend klopfte er mir auf die Schulter, sollte wohl aufmunternd wirken, half aber nicht so richtig bei mir.
Er zeigte runter auf meinen kaputten Fuß.
„Sag mal, kannst du damit noch laufen?"

An seinem Gesichtsausdruck konnte ich erkennen, dass ihm gleich nach seiner Frage die Erkenntnis kam. So schob er gleich ablenkend nach: „Du Georg, bis nach Welfer ist es nicht so weit und da werden wir den Bastard bestimmt finden und dann Gnade ihm Gott!"

Ich schnappte kurz nach Luft und schluckte die Antwort herunter, die eigentlich gesagt werden müsste, aber Willi sicher nicht hören wollte. Meine Füße wollten nicht mehr und ich gehe keinen Schritt mehr weiter. Taxi und ab nach Hause. Motivationslos trottete ich hinter ihm her, wieder durch die Innenstadt, durch das Gewusel der Zombies und aufgescheuchten Wilden.

Wir befanden uns mal wieder im dicksten Getümmel, kurz vor dem großen Hanseplatz, auf dem am Samstag immer Markt ist und sich rundherum viele Cafes und Kneipen befinden. Eigentlich bin ich ganz gerne hier, dann aber in anderer Begleitung, oder zumindest mit einem anderen anliegen. Schön ein gepflegtes Bierchen trinken und dazu ein bisschen was Essen. Polizeisirenen! Diesmal von allen Seiten! Wild zupfte ich an Willi´s Ärmel.

„Verflucht man, jetzt haben sie uns! Was, was machen wir jetzt?" Wie gehetztes Wild schaute Willi in alle Richtungen, aus einem Wolf wurde sehr schnell ein Häschen. „Abhauen, da über den Platz! Los!"

Au man! Routiniert rannte ich mit meinen Klotschen an den Füßen über den Asphalt des Platzes, um im Getümmel der Menschen zwischen den Marktbuden unterzutauchen. Atemlos standen wir nebeneinander, vor einem Marktstand mit Obst und Gemüse und versuchten unsere Lage zu sondieren. Komisch, die Leute nahmen uns überhaupt nicht wahr. Willi machte mit dem Zeigefinger der rechten Hand kreisende Bewegungen in der Luft.

Seine Schnappatmung ließ noch keine Worte über seine Lippen kommen, ich verstand ihn aber trotzdem.

Die Polizeisirenen kamen näher. Jetzt hörte ich auch den Grund dafür, das die Passanten uns nicht wahrnahmen. Lautes grölen kam aus unmittelbarer Nähe. Willi und ich spitzten unsere Ohren und das Volk um uns herum lief größtenteils zum Rand des Marktes hin, wo das Gegröle herkam. Ich versuchte zu verstehen, was die große Anzahl an Menschen da im Gleichklang ruft.

Doch als ich hörte: „Achtung, Achtung, hier spricht die Polizei! Lösen sie die Demo sofort auf und gehen sie nach Hause! Ich wiederhole! Lösen sie die Demo sofort und gehen sie nach Hause! Zwingen sie uns nicht, die Demo Gewa.....äh, aufzulösen."

Da war mir klar, die Sirenen galten gar nicht für uns. Obwohl wir nicht neugierig waren, folgten wir, dem Herdentrieb gehorchend, der Masse. Jeder hat schon mal versucht, sich seinen Weg durch die Menschenmenge zu bahnen, wenn man neugierig ist. Ach ne, dass sind wir ja gar nicht, nur wissen müssen wir alles. Selbst eine ältere Dame lässt sich dann nicht mal kurz eben zur Seite drängeln. Die stehen wie ein Betonkübel da und wo sie stehen, da stehen sie. Wenigstens gab es hinter uns noch gleichgesinnte, die auch nicht neugierig waren, aber die Demo sehen mussten, anstatt morgen darüber in der Zeitung zu lesen, wo man doch vor Ort ist. Schließlich gelang es uns, zwischen den Köpfen einen Blick von der Demo zu erhaschen . Deibel auch! Das sind ja mehr Demonstranten, als ich dachte. Einige hundert, mit zum Teil großen Plakaten und irgendwelchen Fahnen. Was darauf stand, konnte ich nicht identifizieren. Es waren überwiegend junge Leute, Studenten schätze ich mal.

Links und rechts des Platzes standen die Gäste der Cafes und Restaurants neben den Tischen in Lauerstellung. Die Bedienungen erkannten die Situation und kassierten eifrig bei den Kunden ab. Neben mir standen wildfremde Menschen und starrten mit unterschiedlichen Gesichtsausdrücken den Geschehnissen zu. Entgeistert, wütend, schadenfroh und einigen sah man an, dass sie nur darauf warteten, das endlich die Klopperei losgeht. Das war für mich erschreckend und gottlob schaute ich nicht so sensationslüstern aus der Wäsche, wie der Mob. Willi? Du meine Güte! Der schaute nicht anders! Sollte ich vielleicht? Ne ne, ich nicht!

Nur ein Einziger, ein Mann mittleren Alters, schien durch irgendetwas abgelenkt zu sein. Irritiert schaute er um sich, um die Personen die unmittelbar um ihn standen, in Betracht zu ziehen. Schnüffelte der etwa? Oh oh, ich bekam eine rote Birne, jetzt bloß nicht unnötig auffallen! Ich tat einfach so, als wenn nicht wäre und schaute wieder interessiert nach vorne. Da wurde es auch gerade spannend. Die Polizei versuchte, die Demonstranten am weitergehen zu hindern und baute sich in ihre Laufrichtung auf. Gleichzeitig gingen sie an den Flanken des Demozuges in Stellung. Die wehrten sich mit lautem Geschrei gegen die drohende Einkesselung, verminderten aber ihre Schrittgeschwindigkeit, bis sie direkt vor der Polizeihundertschaft zum stehen kam. Nun standen sie sich Aug in Aug gegenüber. Die Polizisten mit Schildern und Schlagstöcken bewaffnet und die Demonstranten mit ihren Plakaten und Fahnen. Eine explosive Atmosphäre breitete sich über den Hanseplatz aus. Vor meinen Augen sehe ich den Platz im Winter, in schönster Weihnachtspracht erleuchtet.

Und Mittendrin der liebevolle, friedliche Weihnachtsmarkt, welch eine Idylle. Zurück aus meinem Tagtraum frage ich mich, weshalb die sich hier eigentlich in die Haare kriegen?

Aus dem nichts heraus, flog plötzlich eine Fahne aus dem Pulk, direkt in die geordnete Gruppe der Polizei.

Das war der Auslöser, nur,weil einer die Nerven verloren hatte, worauf scheinbar schon viele der Zaungäste regelrecht gewartet hatten. Den gerade noch schnüffelnden Mann, halblinks hinter mir hörte ich noch sagen: „Mein Gott, das ich das noch erleben darf." Mit großen Augen schaute ihn ein älterer Herr irritiert an und schüttelte nur mit dem Kopf. Die Polizisten schlugen mit ihren Knüppeln auf die vor ihnen stehenden Demonstranten ein und diese schlugen mit ihren Plakaten zurück. Dann rückten die Hundertschaften von der Seite nach, was zur Folge hatte, dass unter den Demonstranten die Panik ausbrach. Bevor die Polizisten ihre Schlaggeräte einsetzen konnten, durchbrachen die Demonstranten die seitlichen Absperrungen und rannten in wilder Hast über den Platz in alle Richtungen. Nun war auch die Ordnung bei der Polizei dahin. Alles rannte wild durcheinander......über den Hansaplatz und in die angrenzenden Straßen. Ganze Horden rannten auf uns Gaffern am Rande des Marktes zu. Erstaunlicherweise kriegten die Betonsäulen plötzlich Beine. Kaum zu glauben, wie schnell die sein können. Ich glaube, die hätten ausnahmslos die goldene Medaille bei der Altersolympiade bekommen. Willi und ich gingen vorsichtshalber zwischen zwei Marktständen in Sicherheit. Die Marktleute stellten sich schützend vor ihre Stände.

Mit ausgebreiteten Armen versuchten sie, die davoneilenden Demonstranten von ihren Auslagen fernzuhalten, was nur ab und an gelang. Einige von den Flüchtigen landeten mitten zwischen Gurken, Tomaten und Äpfel und wurden von der nachrückenden Polizei in Gewahrsam genommen. Mein Freund Willi und ich standen teilnahmslos mitten in dem Gewusel und suchten einen Ausweg aus dem Dilemma. Wenn doch nur ein wenig Ruhe einkehren würde, könnten wir Reißaus nehmen. Stattdessen mischten sich jetzt auch noch die Marktbeschicker in das Chaos ein.

Wütend warf eine ältere Frau mit einer Tomate nach einem Demonstranten , traf aber einen Polizisten mitten ins Gesicht. Der holte gerade mit seinem Stock zum Schlag aus und verharrte in dieser Position. Der Demonstrant lachte sich halbtot darüber. Anstatt eine übergezogen zu kriegen, hat jetzt sein Kontrahent das nachsehen. Nur als dieser sich sein Gesicht wieder frei gewischt hatte, kehrte wieder der Ernst in die Gesichtszüge des jungen Mannes zurück. Flugs drehte er sich um, machte einen langen Schritt nach vorne und rutschte der Länge nach über einen Schmierfilm aus zertrampelten Obst und Gemüse auf dem Boden aus. Wie in Zeitlupe segelte er, fast waagerecht in der Luft fliegend, in den schmierigen Pamp, sehr zur Freude der Tomate werfende Marktfrau. Die lächelte den böse dreinschauenden Polizisten um Verzeihung bittend an. Der griff sich den am Boden liegenden jungen Mann am Kragen, schaute noch einmal grimmig zur Marktfrau rüber und schleppte den Delinquenten zur Sammelstelle, wo ein spezieller Wagen bereit stand, mit Gittern vor den Fenstern. Willi stupste mich an und zeigte zwischen die Marktstände und das mit einem Lächeln.

Das Bild, was ich da zu sehen bekam, zwang auch mir die Mundwinkel nach oben. Ein heilloses durcheinander. Polizisten vereint mit Demonstranten lagen in dem Sud aus Obst und Gemüse und suhlten sich genüsslich darin herum. Beim zweiten Hinsehen war allerdings von genüsslich keine Spur mehr zu erkennen. Wenn mal einer hochkam, fiel er kurze Zeit später wieder auf die Nase. Den Polizisten flogen dabei die Schilder und die Schlagstöcke weg und ein Demonstrant hat sich glatt in seiner eigenen Fahne eingerollt. Er sah aus, wie eine Roulade mit Füllung. Bewegungsunfähig beobachtete er, mit weit aufgerissenen Augen, das Geschehen um sich herum. Einige Händler versuchten in dem Tohuwabohu ihre Ware einzupacken, wenn noch vorhanden. Einer zeichnete sich besonders dabei aus. Stoisch lud der Kiste für Kiste in seinen Kleintransporter, auch wenn nicht jede Kiste darin ankam, weil ihm mal wieder ein Demonstrant genau in den Weg gelaufen war und ihm die Kiste aus der Hand flog, oder ein Polizist ihn mit dem Schlagstock versehentlich auf die Hand schlug. Ruhig sammelte er das noch verwertbare wieder in die Kiste.Von dem konnten sie sich alle eine Scheibe abschneiden, innerlich zog ich meinen Hut vor ihm. Äh, oder doch nicht!

Ein Demonstrant schubste einen Polizisten, der rutschte aus und schoss rücklings gegen den besagten Markthändler. Rücken an Rücken stießen sie zusammen und der Händler flog im hohen Bogen in sein Gefährt! Voll in die Weintrauben und Pfirsiche! Langsam rappelte er sich wieder auf, stieß mit dem Kopf unter die Decke seines Lieferwagens und schaute an sich herunter. Im Zeitlupentempo drehte er sich um, dabei pflückte er sich die Trauben von der Kleidung.

Oh oh! Seine Augen verrieten nichts gutes, so einen Blick habe ich heute schon einmal gesehen. Ist heute Weltwurftag? Fast schon behäbig, jedenfalls nicht gerade schnell, stieg er aus dem Lieferwagen, packte den Polizisten, der mit dem Rücken zu ihm stand, an der Schulter, drehte ihn um und haute ihm mit der Rechten voll eine gegen die Kinnspitze. Der fiel wie eine Bahnschranke in den Matsch und blieb regungslos liegen. Zwei Polizisten stürzten sich gleich auf ihn, drehten ihm die Arme nach hinten und führten ihn zum Sammelpunkt. Jetzt rannten auch noch Sanitäter in dem Durcheinander herum und versuchten zu retten, was zu retten war. Auch nur mit mäßigem Erfolg. Manch einer von ihnen musste selber behandelt werden, durch Stürze, oder durch Schläge. Das Bild dieser Schlacht wird sich für alle Zeiten in mein Gehirn einbrennen.

„Georg, guck mal da vorne! Da können wir durch, raus aus dem Chaos!" Eine Stelle ohne Hauereien und fast schon friedlich anmutend, tat sich vor unseren Augen auf. Wir schlängelten uns dadurch ohne anzuecken, oder unnötig bei den Kontrahenten aufzufallen. Nur nicht zu guter Letzt damit hineingezogen werden.

Außerhalb der Geschehnisse drehten wir uns noch einmal um. Aus der Perspektive war es noch viel beeindruckender, noch gigantischer. Montag werden ich in der Zeitung lesen können, wann dieser gordische Knoten aufgelöst wurde und wie das ganze ausgegangen ist. Heute haben wir keine Zeit, um auf die Entscheidung zu warten. Willi drängte weiterzugehen, nur runter von diesem Platz und weiter nach Basti suchen. Nach ein paar Schritten, traute ich meinen Augen nicht!

„Scheiße Willi! Schau mal unauffällig nach links rüber!"

„Wieso? Da ist doch nichts, zumindest sehe ich nichts auffälliges." Ungehalten blieb ich stehen und hielt ihn fest. „Mensch, Du Eierfeile, da vorne! Heidi und meine Schwiegermutter! Bist Du etwa blind?"

Seine Reaktion war nicht die, die ich erwartet habe. „Das ist gut. Lass uns hingehen und sie fragen, wo ihr geliebter Bruder steckt."

„Sag mal du hohle Nuss, bist du jetzt total benagelt? Einen Teufel werde ich tun, ich bin froh, wenn die mich nicht sehen." Er guckte mich ungläubig an.

„Schau dir mal an, wie ich aussehe, dass gibt einen Riesenärger, auf den kann ich verzichten. Sie denkt doch, das ich mit dir bei Bauer Schulte bin und nicht in der Stadt rumgeistere. Also, vergiss es."

„Aber.......!" „Nix aber!"

„Aber die kommen auf uns zugelaufen mein Lieber, mach mal die Döppen auf."

„Los weg hier!"

Wie ich das hasse, ständig auf der Flucht zu sein und diese nicht gewollten Spurts hinzulegen. Jedes mal breche ich mir dabei fast einen Ast ab. Ich bin doch nicht Doktor Kimble auf der Flucht!

Wenn mein edles Schuhwerk wenigstens drei Streifen an den Seiten hätte und elastischer wäre, anstatt nur mit altem Mist beschmiert und dazu auch noch weniger geräuschvoll auf den Asphalt treffen würden. Peinlich? Ja sicher ist das peinlich! Ganz unbekannt bin ich ja nun auch nicht in meiner Heimatstadt. Wir hasteten in eine Seitenstraße rein. Willi bremste abrupt ab und ich hinten auf ihn drauf. Gerade wollte ich los meckern, da begriff ich, warum er das getan hat. Polizisten waren dabei, in der Straße flüchtende Demonstranten einzufangen.

Ein Polizist hatte wohl nichts besseres zu tun, als auf uns zu zeigen. Willi hatte es sofort erfasst, begriffen und versuchte den Rückwärtsgang einzulegen und an mir vorbeizukommen. Bevor ich mich drehen konnte, merkte ich schon an Willi´s Reaktion, das eine Flucht zwecklos war. In Sekundenschnelle packten uns die Polizisten an den Armen und drehten sie nach hinten auf unsere Rücken. Schmerz lass nach und komm nie wieder! Mein Gott, bleibt uns denn wirklich nichts erspart? Ich hörte Willi schimpfen: „Was soll das? Sie können uns doch nicht so behandeln! Wir haben nichts getan!" Recht hat er!
„Mein Freund hat recht! Wir sind freie Bür.........! Aua!!"
„Schnauze!!"
Hatte ich was an den Ohren? Das war doch wohl eindeutig eine weibliche Stimme und der Druck auf meinem Arm wurde auch noch erhöht. Eine Frau drehte mir den Arm auf den Rücken? Welch eine Schmach! Aua! Hoffentlich sieht das keiner, der mich kennt! Was ist das nur für eine Zeit! Früher, nee noch früher, da wurden sie an den Haaren aus den Höhlen gezogen und brutzelten über offenem Feuer den Braten, den der Mann gejagt hat. Ungehorsam, Aufmüpfigkeit wurde mit der Keule geregelt. Ein Schlag und die Angelegenheit war geregelt. Nicht das ich die Zeiten zurückhaben möchte, Gott bewahre, aber.....Auaaaaaaaa!
Muss die so brutal an meinem Arm drehen? Ist das der Arsch von Willi, der vor meinem Gesicht auftaucht? Und zack, wurde ich auch schon in das Gesäß des vor mir laufenden geschoben. Boah! Cordhose, braun und zerschlissen! Ne, ist nicht Willi! Bääääähhhh, pfui Deibel!
„Los, heb deine Stelzen hoch!"

Befahl mir eine weibliche Stimme und gab mir zum
Nachdruck einen Knuff zwischen die Rippen. Hölle, die
weiß, wo es wehtut! Ob die das an ihrem Lebensgefährten
testet? Der arme Kerl. Hey, vielleicht ist das ja auch eine
Lesbe? Dann wird mir einiges klar.

„Du sollst deine Kackstelzen in den Wagen bewegen",
wurde sie lauter und drückte mich nach vorne.

„Ja wie denn, wenn sie mich runter drücken", versuchte
ich sie zu besänftigen und auf meine missliche Lage
hinzuweisen.

„Wieder so einer, der eine schriftliche Einladung zur
Mitfahrt, in einer Staatskarosse haben möchte. Stefan,
pack mal mit an." Ich habe gar nicht gewusst, das ich auch
zu einem Spagat fähig bin und dann auch noch in
gebückter Haltung. Jesus, das zwiebelte aber ordentlich
zwischen den Beinen und hatte bestimmt Auswirkungen
auf mein Liebesleben in den nächsten Monaten.

Laut knallten meine Holzschuhe auf den metallischen
Boden der Luxusstaatskarosse, in der links und rechts
männliche und weibliche Personen auf Holzbänken saßen.
Begeisterung konnte ich in ihren Gesichtern nicht
erkennen, obwohl sie kostenlos von A nach B transportiert
wurden. Willi saß mir gegenüber und versuchte Kontakt
mit mir aufzunehmen.

„Schnauze", brüllte die mir mittlerweile vertraute
weibliche Stimme, in den Wagen rein.

„Hier wird nicht rumgetratscht!"

Niedergeschlagen schaute ich mir meine Tyrannin an, die
in etwa zwei Meter von dem Fahrzeug an der Ladeluke
stand. Kampfanzug in grün, Schlagstock an der Seite,
einen Helm auf dem Kopf, mit dem obligatorischen
Polizeistern drauf.

So stand sie da und schaute in das Fahrzeug. Hoppla, sie kommt näher und schaut kritisch. An der Kante des Fahrzeuges blieb sie stehen und starrte mich an. Wieso mich? Verdammt mulmiges Gefühl, was in mir hochkam. Die Sonne spiegelte sich in ihrem Visier, sodass ich ihr Gesicht nicht erkennen konnte, nur zwei blaue Augen strahlten heraus. Wie kann ein solch brutaler Mensch nur so schöne blaue Augen haben? Sie zog ihre Handschuhe aus und steckte sie in die Seitentasche ihrer Hose. Und jetzt holt sie sicherlich ihren Schlagstock raus und zieht mir damit eine über, ich war auf das Schlimmste gefasst. Tat sie aber nicht, stattdessen zog sie ihren Helm über den Kopf und schaute mich fragend an. Holla, gar nicht hässlich.

„Georg? Du bist es doch, oder?"

Was? Ich war geplättet. Wer ist die hübsche Polizistin, die mich zu kennen scheint? Sie strich mit den Fingern durch ihr langes, blondes Haar und lächelte mich an.

„Mensch Georg Andersen, kennst du mich nicht mehr? Joanne, Joanne Greiner." Ihr Lächeln wurde zu einem Lachen und mir fiel es wie Schuppen aus den Haaren.

„Jo, also sag mal! Das gibt es doch gar nicht. Ich bin platt!"

„Wie geht es dir Georg, was machst du so?"

„Wie du siehst Jo, lass ich mich von dir verprügeln und in ein Fahrzeug sperren, ansonsten plätschert mein Leben so dahin. Und du? Ist bei dir alles in Ordnung?"

Sie legte eine Hand auf meinen Arm und schaute mich mitleidsvoll an, mit einem Blick, dem ich früher schon nicht widerstehen konnte.

„Tut mir leid Georg, ich konnte ja nicht wissen.....und außerdem so im Eifer des Gefechts."

Ihre Hand streichelte über meine. „Na ja, sonst ist alles beim Alten."

Mein Gott Joanne. Ja der Blick in ihren Augen war mir noch sehr vertraut und dieses Blau immer noch so schön, wie früher.

„Was machst du eigentlich auf so einer Demonstration Georg? Gehst du mittlerweile eine ganz andere Richtung wie früher? So kenne ich dich nicht. Du warst immer so ein, wie soll ich sagen, ein lieber und umgänglicher Typ."

„Nein nein", antwortete ich, „mit der Demo habe ich nichts zu tun, dass musst du mir glauben. Willi und ich sind nur zufällig über den Platz gelaufen und dann von euch geschnappt worden." Der Angesprochene lächelte gequält und winkte ganz zaghaft. Joanne guckte erstaunt. „Nanu ….Willi, dich habe ich im Eifer des Gefechts überhaupt nicht wahrgenommen. Ihr unternehmt immer noch was zusammen? Erstaunlich!"

„Aber keine Demonstrationen Joanne, die sind uns zu anstrengend."

Willi wirkte ungewöhnlich leise, ja fast schon kleinlaut. Joanne musterte uns von oben bis unten.

„Ihr seht beide richtig abgekämpft aus und entschuldigt, wenn ich das so sage, ein wenig heruntergekommen." Sie hob beschwichtigend ihre Hände hoch und wiegelte ein wenig ab.

„Nicht, dass ihr mich falsch versteht, aber sehen so nicht Demonstranten aus? Seht euch hier mal um."

Ich glaub es ja wohl nicht! Sehen wir trotz allem so unglaubwürdig aus? Enttäuscht tat ich ihr den Gefallen und schaute mich um. Verdammte Hacke! Wo sie recht hat, hat sie recht.

Bis auf die Tatsache, dass ich der Einzige war, der Holzschuhe anhatte, sahen alle Anwesenden sehr mitgenommen aus. Auch die anderen im Fahrzeug nahmen ihre Worte missmutig auf.

„Unverschämtheit! Polizeiwillkür!" und andere Wörter und Sprüche wurden Joanne an den Kopf geworfen. Die Lautstärke nahm zu und das rief ihre Kollegen auf den Plan. Einer zog Joanne an die Seite und rief nach hinten: „Zwei passen hier noch rein und dann weg mit dem Pack." Dann ging alles ganz schnell, Joanne stand betroffen neben der Tür vom Fahrzeug, zwei vermeintliche Demonstranten wurden auf die bekannte Art und Weise in den Wagen gequetscht und langsam wurde die Tür geschlossen. Durch den kleiner werdenden Spalt sah ich eine traurige Joanne, die mir zuwinkte und rief: „Ruf mich an Georg, ich steh im Telefonbuch! Tut mir leid!" Rums, da war die Tür zu und mit Tatütata fuhr die Karre ruckartig davon.

6

Zwei Polizisten saßen mit im Fahrzeugraum und achteten auf Ruhe. Es dauerte auch nicht lange, bis einer von den beiden ein angewidertes Gesicht machte. Er wendete sich an seinen Kollegen.

„Sag mal, riechst du das auch? Das stinkt ja bestialisch!"

„Wo du recht hast. Mir stinken die Demonstrationen auch. Letzte Zeit sind doch dauernd welche, ich hab es leid, wie Steine klopfen."

„Nein nein, dass meine ich nicht, ich meine diesen bestialischen, alles vernichtenden Gestank."

Demonstrativ fächerte er sich mit der Hand um die Nase herum.

„Was erwartest du? Guck dir doch mal diese verl........äh, Demonstranten an." Er hielt kurz inne und dann:

„Hölle, jetzt weiß ich, was du meinst. Sackra das zieht einem ja die Socken aus und da rollen sich einem die Zehnägel auf." Vorwurfsvoll schauten die Beiden in die Runde.

„Das ist doch reine Absicht! Die Bullen wollen uns mürbe machen, eine neue Masche, um uns von Demonstrationen abzubringen! Die tun so, als wüssten die von ni...!"

„Schnauze! Jetzt reicht es, oder meinen sie, wir sitzen freiwillig in diesem Gestank?"

„Sie sind doch immun dagegen, sie üben sicherlich seit langer Zeit diese chemische Kampfführung!", rief eine junge Frau aus der Reihe mir gegenüber. Der Polizist neben mir sprang auf, fasste der Frau an den Arm und drückte sie tiefer auf die harte Holzbank. Eine Männerhand an seinem Arm hielt ihn von weiteren Maßnahmen gegenüber der Frau ab. Seine Augen folgten dem Arm, bis zum erkennen des Besitzers. Willi!

„Man, dass wird sie teuer zu stehen kommen! Nehmen sie die Griffel von meinem Arm!"

„Entschuldigung, aber sie stehen auf meinem Fuß."

Die jungen Leute wurden immer renitenter und die beiden Polizisten immer blasser um die Nase.

Bevor nun alle in Ohnmacht fallen konnten, oder es zur offenen Meuterei kam, hielt das Fahrzeug an, die Türen wurden geöffnet und alle stürmten wild nach draußen. Eine große Anzahl von Polizisten nahm uns in Empfang. Es hatte sich wohl bei ihnen herumgesprochen, dass ein spezieller Transporter eintreffen würde. Große Mühe mit dem einsammeln der aufmüpfigen Bande hatten sie nicht, nur mit dem schließen der Wagentür.

„Halleluja, puh! War da eine wilde Horde Paviane drin?" Hörte ich die Polizisten hinter mir sagen, die um das Fahrzeug standen.

„Zieh die Karre bloß aus dem Verkehr!"

„Heinz, wolltest du nicht deine Ziegen auf eine andere Wiese bringen? Wir hätten da ein Fahrzeug für dich." Saft und kraftlos ließen wir uns in die Wache führen. Willi und mir wurde trotz allem Lamentieren nicht geglaubt und weil wir uns von den Demonstranten distanzierten, wurden wir in eine andere Arrestzelle gesperrt. Unsere Personalien wollten sie später feststellen, weil sie so viel zu tun hätten. In der Zelle saßen zwei übel aussehende Typen, die uns schräg von der Seite musterten. Jetzt wäre ich doch lieber bei den Demonstranten. Die Beiden sahen schon sehr kriminell aus, so richtige Verbrechervisagen, mit Narben im Gesicht und eiskalten Augen. Ihre muskulösen Oberkörper und ihre Hände, so groß wie Baggerschaufeln, machten mir Angst und sie waren sich ihrer Wirkung bewusst.

„Na ihr Milchgesichter, was habt ihr denn böses angestellt? Omas erschrecken, oder fünfjährigen die Förmchen geklaut?"

„Harharhar!" Sie lachten über uns. Auch ein Willi war denen nicht gewachsen.

Vorsorglich, ähm, ängstlich zogen wir es vor, uns in die äußerste Ecke der Zelle zu begeben. Das amüsierte die Beiden sehr.

„Ey, ihr Weicheier, sagt schon weshalb ihr hier seit."
Er kommt auf mich zu! Schlotter!!

„Du siehst so aus, als hättest du deinem Boss den Füllfederhalter gestohlen, hab ich Recht? Und der da hat bestimmt mit seinem Trenchcoat alte Omas erschreckt!" Hahahaha! Ne ne, wie lustig!"

„Auch nicht schlecht, auch nicht schlecht", sagt der andere und schüttelte den Kopf.

„Was für Weichflöten heutzutage im Knast landen, erschreckend sag ich dir."

„Ja ja, demnächst stellen die noch Kindergärtnerinnen für die Betreuung von Schwerkriminellen ein, soweit wird es noch kommen."

Das löste eine längere Lachsalve bei ihnen aus, wobei sie sich gegenseitig auf die Schulter schlugen. Doch von einer auf die andere Sekunde verstummte das Gelächter und ihre Mienen verfinsterten sich. Oh oh! Ich bereitete mich innerlich schon mal auf das Schlimmste vor. Willi und ich rückten näher zusammen. Griff Willi nach meiner Hand? Verwundert sahen wir, das die Beiden von uns abrückten, in die äußerste Ecke der Zelle. Sie schauten völlig scheel zu uns herüber, sahen fast ängstlich aus. Mein Freund und ich schauten uns entgeistert an. Der Größere von den Beiden enträtselte unsere Verwunderung.

„Sagt mal ihr Piepen, habt ihr euch in die Hose geschissen? Das hält ja der stärkste Mulatte nicht aus." Der andere faste den Größeren an die Schulter und drehte ihn zu sich um.

„Die wollen uns fertig machen die Bullen! Ich glaub es ja wohl nicht!"

„Da könntest du recht haben Hacki, die schrecken scheinbar vor nichts mehr zurück. Lieber die alten Foltermethoden, so mit Zigarette auf dem Arm ausdrücken, oder nichts zu trinken bekommen, aber so was? Boah ey, ich kipp gleich aus den Latschen."

Mit glasigen Augen sprangen die Beiden an die Gittertür der Zelle. Ihre kräftigen Hände umklammerten die dicken Metallstäbe und sie rüttelten aus Leibeskräften daran.

„Hey Wache, hallo? Kommt sofort hierher, hört ihr!!? Haaaalllooooooo!!!! Wir wollen hier raus!!!! Hallo, hallo!!! Verdammt, wo seid ihr!!??"

Hatten sie gar Tränen in den Augen? Die Tür zu den Zellen ging auf und zwei Polizisten kamen herein. Erbost gingen sie auf die Zellentür zu.

„Was macht ihr hier für eine Randale? Euch geht es wohl nicht gut, was?"

Wir wollen hier raus!" antworteten die schweren Jungs.

„Ha, das ich nicht lache", erwidert einer der Polizisten, „dass wollen die anderen auch und von uns mal ganz zu schweigen."

Nein nein, Herr Wachtmeister! Wir sagen auch alles, was ihr von uns hören wollt, versprochen! Auch von dem Überfall auf die Kasse, nur raus hier!"

Völlig überrascht und mit einem breiten Grinsen, registrierten die Wachhabenden die für sie frohe Botschaft.

„Wie kommt es zu dem Sinneswandel, meine Freunde?"

„Das wisst ihr doch wohl am besten", entgegnete der Ganove namens Hacki, „aber ich muss schon sagen, echt clever gemacht. Wahrlich!"

Die Tür öffnete sich.

Sie hatten es furchtbar eilig, aus der Zelle zu kommen und ich hörte den Kleineren noch sagen:

„Ich glaube, ich werde in Zukunft ehrlich. Hacki, das möchte ich nicht noch einmal mitmachen."

Aus dem Hintergrund hörten wir noch andere Zelleninsassen rufen:"Lasst uns auch hier raus, wir sagen auch alles!"

„Haltet die Klappe, Demonstranten kommen später dran und da gibt es nicht viel zu sagen!"

„Sag mal Kollege", sagte einer der Wachhabenden, „hast du einen fahren lassen, oder war das einer dieser Strategen vor uns?" Rums fiel die Tür ins Schloss und wir waren zu unserer Erleichterung nun allein in der Zelle. Willi setzte sich auf die Pritsche in der Ecke, die Arme angewinkelt auf den Knien, den Kopf zwischen den Händen und starrte den Boden der Zelle an.

„Willi, ist alles in Ordnung bei dir?"

„Ja ja, alles Kacke. Dein Schwager verscherbelt vielleicht gerade mein Auto und ich sitze hier im Knast und kann nichts machen. Ich dreh gleich am Schlappen."

Ich ließ ihn lieber in Ruhe und setzte mich daneben auf die Pritsche. Hoffentlich kommen wir hier bald wieder raus und hoffentlich hat Heidi mich auf dem Platz nicht gesehen. Nicht auszudenken, was mir sonst zu Hause blüht. Aber das ausgerechnet Joanne uns verhaftet hat. Ich hatte schon ganz vergessen, dass sie bei der Polizei ist. Nie aus dem Gedächtnis gestrichen, aber auch nicht permanent an sie gedacht. Damals bin ich ja mit Heidi zusammengekommen und nicht mit ihr. Mein Gott ja, als ich Joanne kennengelernt habe, da hatte ich noch ein Moped und war mit meiner Clique unterwegs. Das waren noch Zeiten.

Eigentlich war sie damals hinter John her, doch der war schon mit Brigitte zusammen. Da hatte sie mich noch nicht gesehen, den ähm, na ja, mitunter hübschesten Mann aus unserer Clique. So kam es, wie es kommen musste, Joanne und ich wurden ein Paar, Jugendliche eben. Selten mal allein zusammen, meistens mit der ganzen Horde unterwegs. Abzappeln gehen in der Disco, oder am Stand abhängen, die Kirmes unsicher machen, dass war unsere Welt. Keine Sorgen haben, nur die schönen Dinge machen, wovon man heutzutage nur noch träumen kann. Voller Tatendrang und Elan waren wir, jung und schön und heute sind wir nur noch „und". Sicherlich habe ich Joanne des öfteren gesehen, sie mich aber seltener. Wenn sie mit dem Streifenwagen an mir vorbeigefahren ist zum Beispiel. Wie das so ist, irgendwann geht jeder seine eigenen Wege im Leben. Aber damals, tja, sie war schon eine hübsche und ist sie auch heute noch. Sie hatte doch damals eine Freundin, die nicht in unserer Clique war. Wie hieß die doch gleich? Mhhhh! Ach ja, zwei waren das, nicht nur eine. Julie und Josefine, die waren auch nicht übel. Gesehen habe die allerdings nach dieser Zeit auch nie wieder. Da fällt mir auch gleich eine Peinlichkeit ein. Ich war mit den Dreien bei Julie zu Hause, in ihrem Zimmer. Julie hatte von ihrem Bruder eine Gitarre geschenkt bekommen, die sie an die Wand gehängt hatte. Irgend so ein eigenwilliges Instrument, die Seiten waren mit Holzpflöcken befestigt gewesen. Ich glaube, es kam aus Jugoslawien. Julie holten für uns Getränke aus der Küche und ich schaute mir das Dingen mal genauer an. Joanne sagte noch zu mir: „Lass bloß deine Fischfinger von dem Instrument, du weißt ja, du kriegst alles kaputt." Zu Spät!

Ich hatte die Klampfe schon in den Händen und versuchte darauf zu spielen. Schrammel, da flogen mir die Holzpflöckchen um die Ohren und ich machte mal wieder meinem Namen alle Ehre. Der Vernichter hat wieder zugeschlagen. An die Schimpfkanonade die über mich hereinbrach, möchte ich mich gar nicht mehr erinnern. Mir klebte seinerzeit das Pech wie Kacke an der Hacke. Wir hörten Musik bei Phil, der hatte einen neuen Plattenspieler bekommen und musste den uns vorstellen. Da bin ich mit dem Fuß in der Kabellage hängen geblieben und bums lag der neue Player auf dem Boden. Hätte ja auch den anderen passieren können, aber nein, ich war mal wieder der destruktive Hammel und bekam wie üblich die Schelte.

Richtig peinlich und das bis heute, war die Geschichte mit Little Joe. Gottlob waren damals die Mädels nicht dabei. Wir standen also alle gemeinsam zwischen unseren Mopeds und alberten herum. Und dann kam ein Tennisball ins Spiel, der wurde hin und her geworfen. Ich weiß auch nicht mehr so genau, wie das eigentlich passiert ist. Jedenfalls bekam ich den Ball zugeworfen, wollte ihn zurück schmeißen und blieb dabei mit der Hose in der Fußraste von Little Joe´s Maschine hängen. Kopfüber machte ich mich über den Bock, riss das Moped mit um und landete ziemlich unsanft auf den Hosenboden. Meine Füße schlugen in die nächste Mühle rein, was zur Folge hatte, dass auch die umkippte.

Wie Dominosteine fiel ein Moped nach dem anderen um und nur meine Karre blieb stehen.

Das war Pech, reines Pech, hätte ja auch den anderen passieren können.

Ach ja, das hatten wir schon. Wenn jemanden so etwas passiert ist, dann immer nur mir. So wurde ich eine Zeitlang gemieden, leider auch von Joanne. Es hat sich danach nie wieder so richtig eingerenkt bei uns beiden. Freunde sind wir immer geblieben, ich glaube bis heute, aber die Liebe ist dann merklich abgekühlt.

Ich hatte kurze Zeit später meine Heidi kennengelernt und das war die große Liebe, ganz anders und viel intensiver. Auch die Clique ist dann so nach und nach auseinander gebrochen und mit den meisten der Kontakt komplett verstummt.

Wäre schon schön, mal wieder alle zusammen zukriegen und auf alte Zeiten anzustoßen. Na wenigstens ist mir einer aus der alten Zeit geblieben, Little Joe, Wilhelm, damals der beste Freund von Hoss, der größte und dickste Typ in unserer Clique und Bonanza Fan, genau wie Little Joe.

Ich schaute voller Sorge auf Willi, der sich bislang nicht einen Millimeter bewegt hatte. Seine Augen waren noch immer starr auf den Boden gerichtet, als wollte er mit seiner Sehkraft ein Loch in den Zellboden brennen. Ich war so gedankenversunken, dass ich nicht mitbekam, dass zwei Polizisten zu den Zellen kamen. Inhaftierte gingen an unserer Zelle vorbei und auch unser trautes Heim wurde geöffnet.

„Rauskommen zur Personalfeststellung, los, avanti!" Ungehalten winkte der Polizist uns heraus. In einem einigermaßen großen Raum, standen hordenweise junge Menschen herum und wurden von den Polizisten ausgequetscht. Lauter Demonstranten, wie wir vermuteten.

Willi und ich standen in einer der hinteren Reihen, was uns ganz und gar nicht gefiel. Wollten wir doch schnellstmöglich wieder an die frische Luft und nicht in diesem fürchterlichen Mief abhängen. Diese Ausdünstungen von so einer Horde muss man, zu allem Übel, auch noch über sich ergehen lassen.

Ein Großteil der Übeltäter war mittlerweile von der Polizei abgearbeitet worden, als plötzlich Chaos in der Bude herrschte. Eine junge Frau kam aus dem Nebenraum geschossen und schlug wild, wie eine Furie um sich und traf dabei unkontrolliert einige im Raum stehende Personen. Einem verdutzten Polizisten trat sie genau zwischen die Beine. Mit schmerzverzerrtem Gesicht ging er theatralisch und im Zeitlupentempo zu Boden. Aua, dass tat schon beim zusehen weh. Alles was Beine hatte und eine Uniform trug, versuchte die aufständische Person zu überwältigen, was gar nicht so einfach schien.

Willi stupste mich an und nickte mit seinem Kopf eindeutig zur Ausgangstür.

„Können wir doch nicht machen!"

Scheiß drauf Georg, wir sind zu unrecht hier und das ist die Gelegenheit, uns zu verabschieden! Worauf wartest Du?"

Den Gedanken hatten scheinbar auch andere mit uns geteilt. Die Außentür ging auf und einer nach dem anderen flüchtete sich nach draußen. Mit erschrecken stellte ich fest, dass auch meine schmerzgeplagten Füße am rennen waren. Automatismus, Herdentrieb. Mein Schuhwerk war mal wieder weithin zu hören. Ein sorgenvoller Blick über meine Schulter nach hinten, überzeugte mich, das Richtige getan zu haben. Kein Uniformierter weit und breit.

Relativ schnell entfernten wir uns von der Wache und nach einer Weile ließen wir es ruhiger angehen, was anderes blieb uns auch nicht übrig. Ein alter Mann ist schließlich kein D-Zug mehr, trotz Sprinterschläppchen an den Füßen. Im Knast habe ich mich noch an die alten Zeiten erinnert, selbst damals bin ich nicht soviel gerannt wie heute, oder es ist mir entfallen.

„Nach Auto Welfer müssen wir", japste Willi.

Hatte ich schon wieder abgehakt, zu den Akten gelegt und nun fing Willi schon wieder damit an. Ich könnte ihn lynchen, hier auf der Stelle.

„Man Willi, das lohnt sich doch nicht, oder glaubst du, das der Nachtwächter noch da ist? Der ist doch sonst wo, aber bestimmt nicht mehr bei Auto Welfer. Überleg mal, wie lange wir bei der Polizei gesessen haben. Wir sollten zusehen nach Bauer Schulte zur Scheune zu kommen, wie auch immer."

„Hast du ein Rad ab Georg? Erstens zu Fuß nach Schulte, nee, das kannste vergessen, nicht mit mir und zweitens ist meine Wut über Basti noch längst nicht verflogen. Ich muss mein Auto wiederhaben, koste es, was es wolle und damit basta!" Ich merkte, er ist zum Äußersten entschlossen, ohne Rücksicht auf Verluste. Wenn der mein Schuhwerk an den Füßen hätte, dann wäre der schon längst zu Hause, er muss sich schließlich nicht damit herumplagen, sind ja nur meine kaputten Mauken.

„Du weißt schon, das wir auf der anderen Seite der Stadt sind? Und da müssen wir wieder durch, mit dem Risiko, dass wir wieder von der Polizei einkassiert werden, überleg dir das!"

Er ließ sich partout nicht davon abbringen.

„Egal Georg, dann umgehen wir halt den Stadtkern."

Er hatte es kaum ausgesprochen, da lief er auch schon los und ich Trottel wie üblich hinterher.

Was Füße alles aushalten können, nein müssen, hätte ich vorher nicht für möglich gehalten. Willi ging sehr zielstrebig voran, selbst die nahenden Polizeisirenen ließen seinen forschen Gang nicht verlangsamen.

Wortlos und verbissen, wie meistens. Was habe ich nur für tolle Freunde, sie nehmen mir die letzte Kraft und schenken mir kaputte Füße, ein geben und nehmen. Mein innerer Schweinehund riet mir dauernd zur Aufgabe. Lass es Georg, setze dich in die Fußgängerzone, mach einen auf Mitleid und wenn du dann das Geld für eine Busfahrkarte zusammen hast, dann nichts wie weg. Toller Gedanke, ne wohl doch nicht. Dann kommt bestimmt Werner, der Arsch der Firma vorbei und ich würde mir meinen Trumpf ihm gegenüber, aus der Hand nehmen lassen. Oder Heidi läuft mir noch über den Weg. Wie fatal wäre das, nicht auszudenken! Ich musste mich wohl, oder übel meinem Schicksal ergeben. Ach!!

„Ich weiß gar nicht, was du hast Georg, da drüben ist doch Auto Welfer schon. Nah siehste."

Na siehste, na siehste!", dachte ich, hat der Blödmann schon mal auf die Uhr geschaut? Der Umweg hat uns locker eine halbe Stunde eingebrockt und meine Motivation auf den Nullpunkt gebracht. Ein riesiges Gebäude tat sich vor uns auf, mit unzähligen Autos darin und davor. An Wochenenden war ich schon öfters mal mit Heidi hier, um mir Autos anzuschauen. Heidi war dann meistens missgelaunt und schmierte mir das denn ganzen Tag aufs Brot.

„Du und deine ollen Autos, die kannste dir an den Hut stecken."

Das, oder ähnliche Sprüche kann ich mir dann immer anhören. Das dauerte meinst ein paar Wochenenden, mit Cafe und Restaurantbesuchen, um das wieder gutzumachen. Ihr es verständlich zu machen, das Autos schauen viel billiger war, versuchte ich lieber nicht, das könnte sonst in einer Einkaufsorgie enden.

„Hey was ist, grüner wird es nicht!" Die Ampel zeigte das grüne Licht zum gehen, ist mir gar nicht aufgefallen. Mein Freund Willi wußte anscheinend, wo er hin musste. Ich hatte mal wieder keine Lust auf das Geschwafel und wartete lieber vor der Tür.

Nach ein paar Minuten kam Willi wieder raus, mit einer hochroten Birne.

„Und was ist?", fragte ich ihn neugierig, in der Hoffnung auf das Ergebnis.

„Der war hier, aber ohne Auto,ich weiß nicht, was ich davon halten soll. Der dumme Hirni hat doch hoffentlich nicht meine Schlüssel verkauft? Man ist das ein Mist!"

„Konnten die dir denn wenigstens sagen, wo der hin ist?" Er winkte ab. „Nicht einmal das, nur das er ein Ersatzteil gekauft hat, für einen BMW, nun verstehe ich gar nichts mehr." So sah er auch aus, völlig niedergeschlagen.

„Wenn wenigstens Frank mit seinem Auto hier wäre, der dumme Hund! Haut der einfach ab, aber das bekommt der noch zurück, dass kannst du mir glauben."

„Apropos Frank, ist das nicht sein Auto da vorn an der Ecke?"

„Wo?" Willi schaute hastig um sich, wohl zu hastig.

„Da vorne", sagte ich und zeigte mit den Fingern hin.

„Tatsächlich, das ist die Möhre. Na warte, der kriegt jetzt was zu hören!"

Eigentlich müsste Willi genauso schlapp sei wie ich, doch der Anblick von Frank´s Auto mobilisierte noch einmal seine Kraftreserven.

„Wo ist das Sackgesicht? Kannst du ihn ausfindig machen Georg?" Ich versuchte mich zu konzentrieren, um nicht genauso hektisch umher zuschauen wie Willi.

„Puh nee, nichts zu sehen von Frank. Aber vielleicht sollte ich mal hinter die Autos gehen, ist ja möglich, dass er sich da aufhält."

„Ja ja, gute Idee, du gehst da rüber und ich nach da vorne. Wäre doch gelacht, wenn wir den nicht finden."

Ich schlängelte mich durch die vielen ausgestellten Fahrzeuge hindurch und fand es traurig, keine Zeit dafür zu haben, um sie mir genauer anzuschauen. Schade! Die Verkäufer, die auf der Lauer lagen, übersahen mich vollends. Ja ja, kommt mir irgendwie bekannt vor. Im feinen Zwirns versucht man dir alles anzudrehen, aber wehe man ist inkognito unterwegs, dann fällt man direkt aus ihrem Raster. Dabei könnte ich rund um mich zukaufen, den da und den auch noch.......! Ach so, ja Frank! Weit und breit keine Spur von ihm. Ich schaute zurück nach Willi, der sich genau, wie ich, ergebnislos umsah. Ein Mann lief auf das Auto von Frank zu und stieg da ein! Was ist das denn? „Ey Willi", schrie ich, „da guck mal!"

„Hä, was?".....Er mal wieder!

„Da...da", brüllte ich und zeigte hektisch mit der rechten Hand in Richtung Frank´s Auto. Schnell schlängelte ich mich durch den Fuhrpark und Willi tat es mir gleich. Wir hörten, wie die Person versuchte, das Auto zu starten. Wohlgemerkt versuchte, denn es sprang nicht an. Der Anlasser rutschte immer wieder durch.

Ist schon komisch, wo das Auto doch bestens von Willi gewartet wurde. Ein paar Meter vom Fahrzeug entfernt, konnte ich die Ursache des missglückten Anlassens erkennen.

Ein Typ mit langen, ungepflegten, schmierigen, gelockten Haaren, war dabei, das Auto kurzzuschließen. Ich glaub ich brenne!! Willi erkannte die Situation ebenfalls und wurde immer schneller. Aus dem Augenwinkel muss der Typ die Lage erkannt haben, riss die Tür auf, fiel aus dem Auto und versuchte davonzueilen. Vergeblich! Willi stellte dem Schmierlappen ein Bein und der Typ fiel der Länge nach in den Dreck. Ich eilte ums Auto und packte zusammen mit Willi den ekeligen Zeckenwirt an den Armen. Der versuchte sich mehr mit Worten, als körperlich zu wehren.

„Was soll das? Warum halten sie mich fest, dazu haben sie kein Recht. Wie Polizisten sehen sie nicht grade aus. Lassen sie mich sofort los, sonst!"

„Was sonst", fragte Willi ironisch und drehte an seinem Arm,: „sonst rufst du die Polizei?"

„Das werden wir für dich erledigen", mischte ich mich ein. Der mittelgroße und südländisch wirkende Typ erschlaffte in seinen Bemühungen, sich unseren Händen zu entreißen.

„Du bist ein Autodieb und gehörst in den Knast, mein Lieber. Dein Pech, das wir den Besitzer dieses Fahrzeuges kennen." Seine braunen Augen wurden leicht wässrig.

„Das tut mir ja leid und eigentlich wollte ich das auch nicht, aber dann stand das Auto so da, mit offener Tür und da hab ich eben, na ja."

„Ach, einfach so? Womöglich lag auch noch ein Zettel auf dem Sitz, auf dem geschrieben stand,

„Wenn Tür aufsteht, bitte mitnehmen", oder verstehe ich da etwas falsch?"

„Nein, natürlich nicht", stammelte der Schmierlappen, „Ich bin in Geldnot und was soll ich sagen, ich hab gar nicht groß nachgedacht. Einfach rein und weg."

„Man oh man, da hast du dich ja ganz schön in die Scheiße geritten. Wie heißt du denn?", wollte Willi von ihm wissen. Irgendwie tat er mir fast schon wieder leid.

„Giovanni."

„Und weiter? Giovanni und...?"

„Giovanni Ferrari." …........Boah, wurde Willi stinkig.

„Sag mal du Sack, willst du uns verarschen? Sehen wir so dämlich aus, wie du? Ferrari, ja ne is klar! Da musst du schon ein bisschen früher aufstehen. Ruf mal die Polente Georg. Da drüben im Verkaufsraum von Auto Welfer haben sie genügend Telefone. Ich halt den Penner solange fest."

Ich traute Willi das schon zu, dass Milchbrötchen festzuhalten und machte mich auf den Weg. Kaum bin ich fünf Meter weit gekommen, da hörte ich Willi schreien.

„Ey hier geblieben du Spaghettifresser!! Georg, der Heini haut ab!! Komm schnell hierhin!!!"

Ich glaube es ja wohl nicht, lässt er den Typen entkommen. Langsam trottete ich zum Auto und Willi rannte hinterher, was man so rennen nennen kann. Der Spaghetti hatte flinke Füße, echte Sprinterqualitäten und im nu war er auch verschwunden. Entrüstet kam mein Sprinterfreund zum Auto zurück.

„Warum bist du nicht hinterher gerannt? Soll ich etwa alles alleine machen?"

Ich konnte nur den Kopf schütteln.

„Was denkst du denn? Das ich mit dem Schuhwerk noch Sprints hinlegen kann?

Und das nach all den Strapazen der letzten Stunden? Ey, ich bin froh, dass ich lebe und im übrigen, wer hat denn den Spaghetti abhauen lassen?"

„Ja ja, ist ja schon gut", erwidert Willi. Ich wunderte mich über seinen Gesichtsausdruck, sehe ich da etwa ein Lächeln? Ja spinn ich denn, oder ist der jetzt völlig abgedreht?

„Hä hä, wir haben wieder ein Auto, wir brauchen nicht mehr zu laufen."

„Das ist doch wohl nicht dein Ernst, Willi?! Das Auto müssen wir der Polizei melden! Es dürfte dir bekannt sein, dass es gestohlen wurde und die Polizei sicherlich schon danach fandet."

„Sicherlich, ist schon richtig Georg, aber sollen wir jetzt weiter zu Fuß durch die Botanik eiern? Man Georg, das ist Frank´s Auto und nicht irgend eins. Also lass uns damit fahren."

Ich war völlig erschüttert. „Du mußt echt benagelt sein Willi! Ich sage, wir melden es der Polizei und damit basta!" Willi reagicrtc darauf, wie ein wildes Tier im Käfig. Sein Körper schien in Unruhe. Nervös rieb er seine Hände und seine Füße scharrten im Dreck des Bodens und er drehte sich im Kreis.

„Na gut, na gut Georg. Einigen wir uns darauf, dass wir Frank´s Auto zur Polizeiwache fahren. Aber nicht hier in der Stadt, sondern außerhalb im Vorort. Am besten in Bramsten, dann brauchen wir auch nicht mehr weit bis Bauer Schulte, okay?"

Er gibt nicht auf, dass liegt in seinem Naturell. Meine Füße sagen ja, aber der Kopf will nicht so richtig mitmachen. Der kann sich die Konsequenzen ausmalen, die Füße nicht.

Ich dachte noch darüber nach, da war Willi schon hinterm Steuer. Vollendete Tatsache nennt man so etwas. Im Nu hatte er den Wagen kurzgeschlossen und die Beifahrertür geöffnet, somit hat er mir keine Wahl gelassen. Wie in Trance gab ich dem Druck nach, dennoch mit einem flauen Gefühl in der Magengegend. Flaues Gefühl ist wohl gelinde ausgedrückt, Grottenschlecht war mir!
Wie von einer Tarantel gestochen, jagte Willi vom Hof des Autohauses.
„Fahr wenigstens langsam, wir müssen doch nicht noch zusätzlich negativ auffallen, durch deine Raserei! Als hätten wir nicht schon genug auf dem Kerbholz."
Er hielt sich zu meiner Verwunderung daran. An jeder Ampel, an der wir zum stehen kamen, schaute ich mich ängstlich um. Wenn ich nur von weitem einen Streifenwagen sah, rutschte mir das Herz schon in die Hose. Willi blieb ruhig, wie ein routinierter Verbrecher. Cool, er verzog keine Miene, man könnte meinen er genießt diese Fahrt. Mir schlotterten die Beine und der Rest meines geschundenen Körpers und der? Muss man in der Autobranche so abgebrüht sein, wie er?
Als wir uns der Stadtgrenze näherten, ging es mir ein wenig besser. Ich rutschte an meinen Beifahrersitz ein wenig höher, um mich zu vergewissern, wo wir uns befanden.
„Ich glaube es hackt! Das ist nicht nicht die Richtung, von der du gesprochen hast! Also was soll das?!! Fahr sofort nach Bramsten zur Polizei, hörst Du?!"
Missmutig schaute er zu mir herunter.
„Bleib besser unten, das ist gesünder für dich", zischte Willi.

96

„Haben sie dir ins Gehirn geschissen? Ich habe keinen Bock mehr auch Fluchtspielchen und so. Seh zu,das du nach Bramsten fährst!"

Was auch immer er erwidern wollte, es blieb ihm im Halse stecken. Tatütata!!! Laut vernahmen wir hinter uns ein Martinshorn! Der Schrecken fuhr uns in die Glieder und für kurze Zeit wirkte Willi wie gelähmt. Mit großen Augen blickte er in den Rückspiegel und als er aufs Gaspedal trat, da wusste ich, das die Polizeisirene uns galt.

Ich zog es vor, mich ganz klein zu machen, dass man mich nicht sehen konnte und faltete die Hände zum Gebet. Meine schlimmsten Befürchtungen haben sich bewahrheitet, ich habe es gewusst und dieser Hammel zieht mich damit rein. Vollkommen hilflos hockte ich mehr oder weniger am Boden des Autos, so halb angeschnallt, aber eben nur halb. Ich wurde hin und hergeschleudert und wenn ich mal nach oben schaute, sah ich die Bäume an mir vorbeirauschen. Das Geheul der Sirene war mal lauter, mal leiser zu hören.

„Verdammt, die sind nicht abzuschütteln! Das ist aber auch eine lahme Karre!"

Albtraum, dass muss ein Albtraum sein! Bloß nicht wachwerden und es ist doch keiner!

„Wo sind wir Willi, sag schon wo sind wir!!"

„Wir fahren Richtung Autobahn, zur A1!! Da will ich aber nicht hin, denn dann hätten sie uns! Gleich da vorne rechts kommt ein Feldweg, da kenne ich mich aus, vielleicht kann ich die da abhängen!!"

Lieber Gott, lass es so sein!! Ich komm dich auch bald im Dom besuchen, bitte lass uns nicht im Stich! Hier müsste es sein, denn Willi bremste hammerhart ab, riss die Karre nach rechts, schaltete die Gänge runter und beschleunigte wieder! Ich rutschte fast aus meinem Sicherheitsgurt und knallte mit dem Kopf gegen das Amaturenbrett.

„Ha, das hat was gebracht! Jetzt werde ich alles aus dieser Kiste rauskitzeln!!"

Wie, tat er das nicht schon die ganze Zeit?

„Verflixt und zugenäht!! Jetzt gehen auch noch die Bahnschranken runter! Verdammt noch eins!

Ich wusste nicht, dass man noch mehr Panik, als Panik bekommen kann! Panische Panik!! Glücklicherweise lag ich schon unten, da konnte ich nicht mehr zusammenbrechen. Aber warum gibt der Spacko jetzt Gas? Kaum hatte ich das gedacht, da überkam mich so ein schwereloses Gefühl. Aus dem Fenster schauend, sah ich, wie wir über die Bahnschranken hinweg flogen. Ängstlich schloss ich meine Augen und wartete auf den großen Knall. Der kam dann auch, aber anders als ich dachte. Hart, sehr hart schlug das Fahrzeug auf den Boden auf und verengte mir meine Knochen! Ich sah Willi das Lenkrad herumreißen, runter schalten und dann wieder Gas geben. Ich wurde an die Tür gedrückt und lag nun endgültig vom Gurt befreit in Fahrtrichtung quer auf dem Fahrzeugboden. Meine Knochen!!! Trotz des lauten Motors, hörte ich einen Zug näher kommen. Ich sortierte mich, schaute hoch zu Willi und was macht der? Der lacht auch noch, der Idiot!

„Wir haben sie abgeschüttelt Georg, wir haben es geschafft! Jipijeeeee!!! Und, wie habe ich das gemacht? Hä, wo bist du?"

„Hier unten, du Schnarchhahn! Du bist ein selten dämlicher Hornochse! Das musste jetzt mal gesagt werden!

Boah, jetzt reicht es mir endgültig!"
Mit viel aua rappelte ich mich wieder auf. Der Gurt saß akkurat an seinem vorgesehenen Platz, als wenn nichts geschehen wäre. Ich musste mich kurz sammeln und schnallte mich erst einmal wieder an. Ich wollte ja nicht noch mehr Risiken eingehen, dann peilte ich die Lage. Hinter uns lag ein Bahnübergang, der sich schnell entfernte. Die Schranken waren geschlossen und ein Güterzug fuhr langsam über den Bahnübergang, zu meiner Erleichterung sehr langsam. Davor wähnte ich die Polizei. Hinter dem Bahnübergang machte die Straße, na ja eher ein Feldweg, einen Knick. Da muss Willi mit dem Auto vom Weg abgekommen sein, das Feld neben dem Weg sah doch sehr aufgewühlt aus und staubte noch ein wenig. Willi bog nun in einen anderen Feldweg ein, wobei ich wieder an die Tür gedrückt wurde.

„Jetzt kommt es mein lieber. Wir fahren hier über den Bauernhof und können auf der anderen Seite wieder zurück in die Stadt fahren. Genial, oder?"
Er lachte dabei, hatte wohl Spaß an der verworrenen Situation. Der Mann macht mich sprachlos! Ich dachte immer, ich kenne den Sack schon solange, aber anscheinend wohl noch nicht gut genug. Kann ja auch sein, dass er verfrüht in die zweite Kindheit kommt. Was ist aus Little Joe geworden? War er doch für Recht und Ordnung. Er dachte nicht daran, bedächtiger über den Hof zu fahren. Die Hühner stieben weg nach allen Seiten und bangten um ihr Leben. Der Hofhund wollte zuerst losbellen, zog es aber vor, sich in seine Hütte zurückzuziehen. Gottlob ist den Hunden nichts passiert.

Nur eine riesige Staubwolke türmte sich zwischen den Hofgebäuden auf, um unseren Verfolgern den Weg zu weisen.

„Du bist echt clever Willi, meinst du nicht, dass die Polizei die Staubwolke sieht, die du da gerade aufgewirbelt hast? Und dann die tolle Idee, wieder in die Stadt zu fahren, womöglich noch im Höllentempo, wie unauffällig. Die sind doch alle alarmiert und in dieser Gegend konzentriert unterwegs. Unser Willi, cleverer, als die Polizei erlaubt, dass ich nicht lache!"

Es schien doch, zumindest ein wenig, an seinen Nerven zu rütteln. Schweißperlen bahnten sich den Weg aus dem hohen Haaransatz, über seine ausgeprägte Stirn.

„Nervös mein Guter? Das wäre ich an deiner Stelle auch. Am besten, wir lassen Frank´s Auto hier irgendwo stehen und gehen einfach zu Fuß weiter."

„Quatsch mit Sauce! Ich weiß schon eine Lösung, für unser Problem. Du machst mich mit deinem Gequatsche schon ganz nervös, halt lieber die Klappe."

Was sollte ich dazu noch sagen? Nichts!

Er fuhr ein paarmal links und rechts herum und dann hielt er vor einer Scheune. Die sah ziemlich alt und verkommen aus.

„Helf mir mal das Tor zu öffnen."

Ersteinmal aus dem Auto kommen. Wie ein alter Mann richtete ich mich langsam vor dem Wagen auf. Ich machte Dehnübungen und streckte meine Knochen. Meine Füße! An die Holzklotschen habe ich schon gar nicht mehr gedacht, jetzt spüre ich sie wieder.

„Na komm schon Georg, wir haben nicht alle Zeit der Welt!"

Der hat gut lachen, der wird von der Wut angetrieben und ich von den Schmerzen zurückgehalten. Gemeinschaftlich schafften wir das Tor zu öffnen und Willi fuhr Frank´s Auto in die Scheune. Als wir das Tor wieder geschlossen hatten, lagen wir erschöpft nebeneinander im Heu, auf dem Scheunenboden.

„Hörst du noch was, ich meine die Polizeisirene, hörst du sie?" Ich strengte meine Ohren an und lauschte nach draußen.

„Ne, ich hör nichts, außer dieses Knacken und ein bum bum von irgendwoher. Aber sonst höre ich nichts."

In diesen alten Scheunen steckt jede Menge Leben, man glaubt es kaum. Hoffentlich kehrt nun wieder Ruhe ein.

„Du wirst sehen Georg, hier finden die uns nicht."

Er glaubte wohl daran, ich hoffte es nur. Ahhh, war das eine Wohltat, alle Viere von sich zu strecken, die Knochen zu regenerieren und eine Pause von der Hetze zu haben. Für den Augenblick zumindest. Denn Willi hatte nicht so die Muße im Heu zu liegen, seine Ungeduld war stärker, als das Ruhebedürfnis. Er blinzelte durchs Tor nach draußen und versuchte unsere Lage zu sondieren.

„Was habe ich dir gesagt, von der Bullerei ist nirgends was zu sehen. Wir warten noch zehn Minuten und dann machen wir uns wieder auf die Socken."

Du meine Güte, kann der sich was einreden!

„Dein Optimismus in allen Ehren, aber glaubst du noch an den Weihnachtsmann? In zehn Minuten sind die weg, ne ne dann sind die hier an der Scheune, du Traumtänzer!"

Er winkte heftig ab. Plötzlich sprang er wie ein Folkloretänzer vor dem Tor herum!

„Ahhhhhh.....eine Ratte, Georg, da läuft eine Ratte!!"

Erstaunlich schnell stand ich in der Waagerechten!

Ratten kann ich nicht ab, da habe ich einen Ekel vor. Willi kriegte immer noch kein Bein auf den Boden. Jetzt sah es bei ihm so aus, wie bei einem Kleinkind, dass seinen Willen nicht bekommt. Mit weit aufgerissenen Augen, zeigte er auf die Bestie! Bestie? Die Anspannung fiel bei mir ab, beim Anblick der vermeintlichen Bestie. „Mensch Willi, dass ist nur eine kleine, niedliche Maus! Ratte haha! Hast du noch nie eine Ratte gesehen? Ich glaub du bist mit den Nerven am Ende."

Ein Mann, wie ein Fels in der Brandung, lässt sich von so einem Winzling aus der Fassung bringen. Trotz der neuen Erkenntnis, suchte Willi meine Nähe und vielleicht auch Sicherheit.

„Die Viecher können auch ins Hosenbein krabbeln."

„Ja und Nüsse knacken!" Ich konnte mir das Grinsen nicht verkneifen. Ängstlich schaute er den Scheunenboden ab, es könnten sich ja noch mehr von den Ungeheuern im Heu verstecken. Garantiert mein Bester, worauf du einen lassen kannst. Er hatte wohl auch so eine Vermutung und zog mich in den hinteren Teil der Scheune, dort lag weniger Heu herum. Ganz sicher war er sich aber nicht, dass konnte man an seinem verhalten erkennen.

Plötlich hielt ich inne! Da war doch ein Geräusch zu hören, ganz leise! Willi schien nichts gehört zu haben und wollte gerade etwas sagen.

„Psssst, hörst du das?"

„Was?", fragte er mich. „Ja dieses Geräusch!" Meine Stimme wurde automatisch leiser. Wir bewegten uns nicht, um genauer horchen zu können.

„Du hast recht Georg, da spricht jemand....eine Frau."

„Richtig Willi und auch ein Mann, das kommt von da drüben."

Ich schaute zur hinteren Scheunenwand und Willi nickte.
Vorsichtig und auf Zehenspitzen, näherten wir uns der
Wand und hielten unsere Ohren daran. Unsere Vermutung
bestätigte sich, ein Mann und eine Frau waren zu hören,
sie sprachen sehr leise.
„Kannst du was verstehen?", fragte Willi im Flüsterton.
Ich suchte eine bessere Position, um an der Wand zu
lauschen. Neugierig sind wir nicht, aber wissen müssen
wir alles. Männer und neugierig!
„Ich glaube, dass es sich um ein Liebespaar handelt.
Irgendwas mit Schätzchen und Liebling meine ich gehört
zu haben."
„Du hast recht, das habe ich auch gehört."
Ich ging einen Schritt zurück und begutachtete die
Scheunenwand, auf der Suche nach einer besseren
Horchposition. Ich erspähte einen Spalt in der Wand, ein
wenig unterhalb meiner Augenhöhe. Logisch, dass meine
Augen nach den Objekten hinter der Wand Ausschau hielt.
„Bohhh, ich glaube es ja wohl nicht!" Das kam mir beim
Anblick der Beiden, auf der anderen Seite der Wand, leise
über die Lippen. Ein älterer Herr, ich schätze über sechzig,
mit grauem Haar und nur noch mit einem Slip bekleidet.
Nicht gerade ein Adonis, käseweiß, eben eine Kalkleiste.
Und ihm gegenüber....woooow! Ich rieb meine Augen!
Eine junge Schönheit splitterfasernackt, etwa Mitte
Zwanzig schätze ich, und mit einer Figur.
„Wow man, ich kack ab", flüsterte ich leise vor mich hin
und hatte glatt vergessen, dass ich nicht alleine bin.
Ein rütteln an meiner Schulter machte mich darauf
aufmerksam. Ach der Willi!
„Was ist Georg? Kannst du was durch den Spalt sehen?"

„Ja." Meine Augen hatten keine Zeit für Willi. Ich hörte Ungeduld in seiner Stimme.

„Was ja? Was siehst du denn?"

„Ey stör mich jetzt nicht", erwiderte ich.

„Man, lass mich auch mal gucken", stammelte Willi.

„Psssst, nicht so laut, sonst verscheuchst du die Beiden noch." Ich weiß nicht, was ich fürr ein Gesicht gemacht habe, aber es muss wohl sehr verräterisch gewesen sein.

„Sind die nackt? Sag schon, ich will auch mal gucken! Mach mal Platz, rück schon zur Seite man!"

„Nö", erwiderte ich, „such dir selber eine Möglichkeit zum gucken."

Kurz blickte ich zur Seite und sah, wie er die Wand absuchte. Wohl mit Erfolg, denn ich hörte ihn leise flüstern: „Ja leck mich am Arsch! Wie Geil!!"

Viel wurde nicht gesagt, ist ja auch schwierig beim spannen.

„Du Schande, der Alte kriegt keinen hoch. Versteh einer, wer will, man oh man!"

Willi war der Erste, der nach einiger Zeit wieder fähig war zu sprechen. Hörte sich aber komisch an, als hätte er ein Glas Wasser im Mund. Meine Augen kriegten schon Anzeichen von einer Entzündung und doch musste ich sie noch einmal kräftig anstrengen.

„Mensch Willi! Das ist doch diese Schauspielerin, na wie heißt die denn noch gleich, na?"

„Ja tatsächlich Georg, jetzt wo du es sagst. Boah, hat die eine mega Figur."

Das war der Beweis, der hat auch nicht wirklich in das Gesicht der Dame geschaut. Dafür braucht „Mann" auch eine ganze Weile. Die Frau hat eben auch andere Qualitäten und nicht nur ein hübsches Gesicht.

Die inneren Werte zum Beispiel, die unter der Kleidung.
„Und schau mal Georg, der Alte. Das ist doch ein
bekannter Politiker, oder täusche ich mich?"
„Hä, wer will denn den hässlichen Vogel sehen?" Aber
recht hatte er.
„Ne Willi, du hast in der Tat ein gutes Auge, für nackte
Männer. Hast du ein Handy dabei, dann kannst du ein Foto
von denen machen."
„Ja, hatte ich mal, keine Ahnung, wo das geblieben ist.
Aber wenn ich ein Handy dabei hätte, würde ich Fotos von
ihr machen. Was eine tolle Frau, die hat Charisma."
„Der Alte hat aber auch einen runzeligen Arsch, das ist ja
ekelig. Typisch Politiker! Mit so einer hässlichen Kiste
kann man nur in Plenarsälen sitzen und wenn die mal
Dreck am stecken haben, dann ist so ein vermurkstes
Gesäß genau das Richtige, um damit das Problem
auszusitzen." Willi musste sich das Lachen verkneifen.
„Und dann klappt es auch vorne nicht. Ich kann es nicht
fassen Georg, so eine Frau und er bekommt es nicht
gebacken. Ich könntc kotzen."
„Ich mag gar nicht hinschauen", kam von meiner Seite,
„sonst bekomme ich heute Nacht noch Albträume. Bahh."
Bei dem Gedanken, bekam ich vor Ekel eine Gänsehaut.
„Ach übrigens Willi, du würdest super mit ihr
klarkommen, dass kann ich ganz deutlich sehen."
Verschmitzt, verlegen und mit glasigen Augen schaute er
zu mir herüber und wusste wohl nicht, wie ich das
wirklich meinte. Ich schaute an ihm herunter, auf seine
Hose, wo sich eine Beule gebildet hatte. Schamesröte stieg
ihm ins Gesicht und er wendete sich ein wenig ab von mir.
Glücklicherweise hat er nicht schon zuvor zu mir rüber
gelinst....Ähemm!

„Georg, der alte Knochen zieht sich wieder an. Schade!"
„Wieso, kannst du von seinem ästhetischen Body nicht genug kriegen? Also mir ist das ganz Recht."
„Du Eierkopp, dann zieht sie sich doch auch wieder an."
Unsere Augen nahmen noch mit, was mitzunehmen war. Sie war ein Traum für alle Männer, bis auf für diejenigen, die nicht auf Barbie stehen, sondern auf Ken.
Bei dem Anblick muss ich an den Spruch denken, nichts reimt sich auf Uschi und dann diese zwei wohlgeformten Melonen, an die wir als Babys schon gewöhnt wurden und bis heute, auf andere Art, nie losgekommen sind.
Sie hat ihm gegenüber ja jegliche Reize ausgespielt, das ganze Repertoire rauf und runter und es hat sich bei dem Politiker nichts geregt, bei uns schon.
Piepshow ade! Die waren längst wieder angezogen und wir hockten immer noch, wie zwei alte Spanner, an der Wand.
Das Tor quietschte laut beim öffnen und beim schließen. Der Zauber war vorbei und wir zurück in die Realität. Wir hörten, wie ein Motor gestartet wurde und gingen zum Tor. Erst einmal vergewisserten wir uns, ob draußen alles in Ordnung war, dann trauten wir uns, das Tor leicht beiseite zu schieben. Wir fragten uns, warum das Auto nicht kam, schließlich hörten wir ja den Motor laufen.
Unsere Neugierde war größer, als die Angst erwischt zu werden. Willi ging vorweg und ich hinterher, bis zur Ecke der Scheune. Willi wollte gerade um die Ecke lauern, da kam der dicke Benz, von dem bekannten Politiker angefahren. Zum Abhauen war es zu spät!
Wie angewurzelt standen wir nebeneinander und starrten die Beiden an. Der Alte sah uns, blieb stehen, mit versteinerter Miene und dem Entsetzen in den Augen.

Sie bekam es erst gar nicht mit und brauchte ein paar Sekunden, um ihre Situation zu erkennen.

Sie lächelte uns an! Was? Sie lächelte uns an? Mit dieser Reaktion hatten wir nicht gerechnet. Wir waren baff und lächelten verlegen zurück. Es muss denen doch bewusst sein, dass wir sie beobachtet hatten.....ihm bestimmt.

Ach, ihr garantiert auch, nur reagierte sie anders darauf.

Ich weiß nicht genau, wie lange diese Situation dauerte, nur Willi fühlte sich wohl plötzlich dazu animiert, zum Auto des Alten zu gehen. Auf beiden Seiten wurde in dieser Zeit kein Wort miteinander gewechselt, aber als Willi näherkam, drehte der Alte sich um, sagte ihr etwas und gab so richtig Gas. Grasfetzen folgen uns um die Ohren und eine Staubwolke wurde von dem schweren Fahrzeug aufgewirbelt. Sie fuhren den Weg, den wir zuvor über den Bauernhof, zur Scheune genommen haben. Sprachlos verfolgten unsere Augen die Staubwolke, bis sie verschwunden war. Willi kam nachdenklich zurück getrottet.

„Na mein Lieber, hat sich deine Hose von dem Schock erholt?" Ich konnte es nicht lassen.

„Blödmann! Was war das denn jetzt?"

So sah er auch aus.....ratlos! Danach die passenden Worte zu finden war auch nicht einfach, schließlich fielen wir gerade aus dem siebten Himmel, wieder zurück auf den Boden.

„Du Willi, die Staubwolke kommt zurück! Ob die kalte Füße bekommen haben? Schau mal!"

„Wundern würde es mich nicht Georg, der alte Sack hat doch viel zu verlieren. Es würde mich freuen,vielleicht kann man sich dann mit ihr unterhalten. Das wäre doch......"

107

„Das bezweifle ich, das sind die Bullen!!!" erwiderte ich. „Schnell wieder zurück in die Scheune und das Tor schließen!" rief Willi mir zu.

All die schönen Eindrücke lösten sich gleich wieder in Luft auf, puff. Wie aufgescheuchte Hühner rannten wir unkontrolliert hin und her. Jetzt haben sie uns, jagte es durch unsere Schädel, jetzt sind wir fällig.

Die Scheune bei Bauer Schulte war doch viel schöner und da stand auch noch ein schicker NSU Prinz drin, an dem ich jetzt so gerne schrauben möchte. Was würde ich dafür geben, jetzt dort zu sein. Das Motorengeräusch kam unaufhaltsam näher. Wir verkrochen uns im Heu und versuchten erst gar nicht zu atmen. Unsere Ohren waren auf Peilung gestellt, als das Auto vor der Scheune zum halten kam. Autotüren wurden geöffnet und mit einem lauten Rums wieder geschlossen. Wir konnten deutlich Stimmen vernehmen.

„Guck du mal in der Scheune nach, ich geh mal nach hinten."

Verdammt, wenn die das Auto sehen, werden die das Heu durchwühlen und uns finden. Mir ging der Kackstift und ich glaube dem Willi auch. Wir konnten die Schritte hören, die sich auf das Tor zubewegten. Ich schloss die Augen und presste meine Lippen fest zusammen. Jetzt, jeden Augenblick! Jetzt!! Jetzt!!!

„Jürgen, kommst du mal nach hinten? Die müssen hier gewesen sein!"

Hoffnung keimte auf, zum Glück sprachen sie sehr laut und deutlich.

„Hier die Reifenspuren sind noch sehr frisch und führen da runter zum Bauern."

„Ja ja, ich seh es. Du, die Staubwolke, die wir gerade gesehen haben, dass könnten die gewesen sein."
„So ein Mist, wieder entwischt", entgegnete ihm sein Kollege.
„Ja los! Worauf warten wir? Hinterher!"
Die Autotüren knallten laut ins Schloss, der Motor brüllte auf und das Motorengeräusch entfernte sich rasend schnell. Wir warteten noch eine Weile, bis wir uns trauten, dass Heu beiseite zu schieben. Wir schauten uns noch im Liegen an, völlig abgekämpft und ausgelaugt, mit Heu auf dem Kopf und Erleichterung in den Augen. Ich musste plötzlich loslachen...hemmungslos! Das war die Erleichterung und das blöde Aussehen von Willi, mit dem Heu auf dem Kopf. Ob es ansteckend wirkte, oder ob ich genauso doof aussah, wie er, dass weiß ich nicht, jedenfalls kriegte er sich auch nicht ein vor Lachen. Wir hatten Tränen in den Augen.
„Mensch Willi! Wie früher, wo wir Cowboy und Indianer gespielt hatten und uns versteckten. Man und das in unserem Alter, wenn das unsere Frauen wüssten."
Das Lachen wurde langsam weniger. Wir richteten uns wieder auf und pusteten erst einmal richtig aus.
„So viel Aufregung, das schlaucht ganz schön, lieber Georg! Ich fühle mich, wie durch einen Eimer Wasser gezogen. Du ich hab ganz schwammige Beine!"
Viel anders erging es mir auch nicht, aber ich hatte es ja kommen sehen. Das mulmige Gefühl in der Magengegend ist zwar weniger geworden, doch weg ist es noch lange nicht. Wir hatten immer noch das von der Polizei gesuchte Auto und wenn Willi den ersten Schreck überwunden hat, dann geht die Jagd von vorne los, dafür kenne ich ihn nur zu gut.

Früher, als er noch Little Joe war, da sind ihm auch schon schlimme Dinge passiert. Erst kam der Schock und dann ging es weiter, wie bisher. Er ist nun mal unbelehrbar und das bis heute.

„Hast du denn jetzt genug, von deinen schwammigen Beinen? Ich für meinen Teil auf jeden Fall. Nach Bauer Schulte ist es von hier aus nicht mehr weit, da können wir zu Fuß hinlaufen. Wie sieht es aus Willi?"

Er grübelte, dass ist ja mal ganz was neues und vielleicht kommt ja was bei rum.

„Ach Bauer Schulte, der hat nicht so eine schöne Scheune, wie diese hier. Da steht nur Gerümpel rum, so ein komisches Auto und über deren Hofplatz läuft nur Eleonore, das Gummistiefelmodel. Hab ich dir eigentlich schon gesagt, dass ich darauf überhaupt keinen Bock mehr habe?"

„Ach mein werter Willi, damit kommst du jetzt erst raus? Wenn du dich einmal daran erinnern würdest, dass ich seinerzeit die alte Krücke von Auto nicht einmal haben wollte. Es war dein Traumauto, nicht das meine. Erinnerst du dich? Und diese Scheune wollte ich auch nicht, weil sie viel zu weit draußen liegt. Das hätte alles anders laufen können."

„Ja ja, gib es mir ruhig, ich habe ja ein dickes Fell. Immer feste drauf."

Nein bitte nicht! Als Little Joe bekam er damals dann immer eine Mitleidstour und fing an zu heulen. Was sag ich, er putzt sich schon die Nase, schnell was tun!

„Du Willi, wir müssen sehen, dass wir hier wegkommen. Wenn die Polizei mitbekommt, das sie hinter den falschen her sind, dann........"

Ein Ruck ging durch seinen Körper.

„Klar, wir müssen hier weg, aber das Auto nehmen wir mit! Hilf mir, das Tor zu öffnen, damit wir die Karre raus fahren können."

Stur wie ein Panzer! Sag ich doch, er muss das Schicksal immer wieder herausfordern. Kommentarlos zog ich an dem Tor und stieg auch wieder in das Auto.

„Ist nicht mehr viel Sprit im Tank, mal gucken, wie weit wir damit kommen."

Na wenigstens etwas, was mich halbwegs beruhigte. Mit erhöhter Geschwindigkeit, anders kann er ja nicht, fuhren wir die leichte Anhöhe herunter, zu dem Bauernhof. Glücklicherweise bremste er kurz vor der Hofeinfahrt ein wenig ab, sonst hätte er den Bauern auf der Motorhaube spazieren gefahren! Mitten auf dem Platz stand er, mit der Mistforke in den Händen und sah bedrohlich aus! Ein großer, massiger Mann, mit hochrotem Kopf, einen grünen Hut auf und dreckigen Gummistiefeln an den Füßen. Wutentbrannt schritt er zielstrebig auf unser Fahrzeug zu.

„Dat is doch keine Autobahn, dat is mien Hof! Ik mach cuch platt!! Ihr elende Schweinebrut!! Den helen Dag hier längsföhrn, soweit kommt dat noch!! Mir dat Vieh kaputtföhrn!! Ik reiß euch den Morse auf und werf euch den Schwienen zum Fraß vor!!!

Mit dem wollten wir uns nicht anlegen und außerdem hatten wir heute genug Erfahrung in Sachen Rückzug gesammelt. Willi tat das einzig richtige, umdrehen und zurückfahren. Volle Pulle die leichte Anhöhe hoch und dann? Verzweifelt suchten wir einen Weg aus dem Dilemma. Überall Wiesen und die waren auch noch eingezäunt. Von hinten näherte sich der Bauer auf seinem Trecker. Tolle Wurst!

„Und was sollen wir jetzt machen?"

Ich war völlig ratlos. Willi blinzelte nervös mit den Augen und schaute zum Bauern runter, der sich unaufhaltsam näherte.

„Pass auf, ich weiß wie wir den Sack überlisten! Wenn der oben auf dem Vorplatz der Scheune ist, dann fahren wir um die Scheune rum und der hinter uns her, dann haben wir freie Fahrt über den Hof zur Straße. Genial, nicht wahr?" Überzeugt war ich nicht, nur mal wieder ängstlich. Im Endeffekt war es mir mittlerweile fast schon wursch. Ich hatte mein Schicksal in die Hände von Willi gelegt und der wird mich schon ins verderben stürzen.

Jetzt war der Bauer an dem Punkt angekommen, an dem Willi meinte, um die Scheune herum zu fahren. Ein leichtes Lächeln huschte über seine Lippen, daraus wurde dann ein überhebliches Lächeln. Willi, der Überlegene, dem keiner das Wasser reichen kann. Das Lächeln verschwand jäh aus seinem Gesicht, als er wieder am Ausgangspunkt seiner kurzen Spritztour ankam. Da stand der Bauer in der Ausfahrt, mit der Forke in der Hand und hatte seinen Trecker auf dem Weg stehen lassen. Bauernschläue kontra Überheblichkeit!!!

„Scheiße, was macht der Sack da?" Da schaute mein Freund aber sehr sparsam aus der Wäsche.

„Ja Willi, der hat dir wohl ganz offensichtlich den Weg abgeschnitten. Am besten du steigst aus und entschuldigst dich bei ihm." Einen kurzen Augenblick schien er darüber nachzudenken und rieb sich die Nase.

„Niemals Georg! So einem Trampel gebe ich mich doch nicht geschlagen. Jipijahjeeee Schweinbacke, ist zeig dir, was ne Harke ist!" Mit Vollgas raste er auf den Bauern zu. Der blieb stehen, riss die Schweinsäuglein weit auf und sah sein letztes Stündlein schlagen. Ich aber auch!

Ich schloss die Augen, klammerte mich am Sitz fest und schrie aus Leibeskräften: „Halt an du Schwachmat....sofort!!!"
Ich erwartete den Aufprall des massigen Körpers auf die Motorhaube, hörte dann aber ein lautes ratsch und dabei gab es einen kleinen Ruck. Aber nur einen kleinen Ruck? Ich traute mich, die Augen wieder zu öffnen und sah, was geschehen ist. Willi ist durch den Stacheldraht gefahren, über die Wiese und war dabei, dass gleich nochmal zu unternehmen. Macht er auch, einfach so. Ich fasse es nicht!!! Bei mir stieß er solch einer Aktion auf volles Unverständnis.
„Was machst du, bist du jetzt völlig abgedreht? Das ist Frank´s Auto!! Sag mal, willst du daraus mit Gewalt einen Schrotthaufen machen?"
„Und du?" erwiderte Willi, „Willst du dich von einem wild gewordenen Bauern lynchen lassen? Das Auto, oder wir! Da gibt es doch wohl keine Alternative!"
„Willi, ich dachte, wir wären zivilisierte Menschen und nicht Bonny und Clyde auf der Flucht. Hast du eventuell noch eine Maschinenpistole im Kofferraum?"
„Ha ha, dein Hang zum übertreiben."
Er sah beleidigt aus, als wir wieder auf die Straße fuhren. Zu meiner Verwunderung musste ich feststellen, dass er nicht den Weg in die Stadt eingeschlagen war. Er konnte wohl meine Gedanken erahnen.
„Sei beruhigt Georg, wir fahren zurück nach Bauer Schulte." Das war doch mal eine Ansage, ganz nach meinem Geschmack und mir fielen Zentnerlasten ab.
„Das ist gut, nur eine Frage hätte ich da noch. Willst du mit dem Auto auf Schulte´s Hof fahren?"

„Gut, das du nachfragst, dass hätte ich jetzt glatt gemacht", antwortete Willi.

Konnte ich mir denken, dass der mit seinem Kopf ganz woanders war.

„Boah, nun stell dir mal vor, ich wäre mit dem Wagen auf den Hof gefahren, dann wären wir ganz schön in Erklärungsnot geraten."

Tja mein Guter, du schaltest dein Gehirn leider zu oft aus, anstatt an. Aber was soll ich mir darüber Gedanken machen, entweder man hat es, oder man hat es eben nicht. An seiner Stelle, würde ich mich bei seinen Eltern darüber beschweren, was sie ihm für beschissene Gene mit auf den Lebensweg gegeben haben. Der Raser blieb mit fast leerem Tank, in einem Feldweg, unterhalb eines ausladenden Baumes stehen.

„Was meinst du Georg? Das ist doch ein guter Platz, oder?" Ich glaub es ja wohl nicht! Die ganze Zeit jagt er mich, ohne einmal nach meiner Meinung zu fragen, von Pontius nach Pilatus und bei solch einer Lappalie, soll ich meinen Senf dazu geben.

„Ja Willi, wahrlich ein schöner Platz zum picknicken. Allerdings, wenn du das Auto hier abstellen willst, dann würde ich zuerst da hinten auf dem Feld den Bauern erschießen. Der könnte sich vielleicht an uns erinnern und womöglich auch noch beschreiben."

Wütend schlug er mit der Faust auf das Lenkrad. Mit einem lauten Knall flog ihm der Airbag um die Ohren! Mein Gott habe ich mich verjagt und bestimmt einen Klumpen in der Hose! Der Mann schafft mich heute noch, das Auto hat er ja schon geschafft! Ich zog es vor auszusteigen. Der Spacko drückte mit den Händen gegen den geöffneten Airbag.

Stand ihm gar nicht mal so schlecht, anstatt einen Kopf, einen Airbag auf den Schultern, zumal da auch nur Luft drin ist. Schließlich half ich ihm, sich aus der misslichen Lage zu befreien. Da stand er nun und hielt sich die Ohren mit schmerzverzerrtem Gesicht. Tut mir das leid? Neee! Aber Frank´s Auto, denn das sah ziemlich schrottreif aus. Die rechte Vorderlampe kaputt und der Kotflügel war an der Seite eingedrückt! Ich versuchte die Mängel erst gar nicht weiter aufzuzählen, der Anblick des Fahrzeugs war elendig, unerträglich für einen ordentlichen Menschen, der sein Auto hegt und pflegt, so wie unsereins.

„So ein Mist, ich glaub ich bin taub! Sag mal was Georg!"

„Was willst du denn hören? Das du ein Blödmann bist?"

„Was? Ich kann dich nicht verstehen! Kannst du es mal lauter versuchen?"

Blödmann!!! Blödmann!!!", rief ich so laut ich konnte.

„Wieso Blinddarm? Na ja, ist ja auch egal, ich habe zwar nur ganz leise was gehört, aber das wird schon wieder."

Da viel mir wieder ein, das ja noch etwas fehlte.

„Verdammt, wo ist eigentlich das Fahrrad?"

Der Kofferraum war verschlossen und von einem Fahrrad nichts zu sehen.

„Wieso Fahrrad?"

„Ja mein Fahrrad, nein nicht meins, dass von Heidi! Du weißt doch, dass haben wir doch dem Mang wieder abgenommen und hinten in den Kofferraum gelegt! Mist, wo ist das?"

Willi winkte ab. „Jetzt, wo du es sagst, fällt es mir auch auf. Du, bei Auto Welfer habe ich das im Kofferraum schon nicht mehr gesehen, wenn ich mich so recht dran erinnere." Ich dachte angestrengt nach und ging das ganze Szenario geistig noch einmal durch.

Er könnte recht haben. Verdammt, er hatte recht! Wer denkt in so einer Situation schon an alles?

„So ein Käse! Was meinst du Willi, hat der Spaghetti das Fahrrad mitgehen lassen? Vorstellen kann ich mir das eigentlich nicht."

„Ich auch nicht, aber das es während der Fahrt aus dem Kofferraum gefallen ist, dass schon eher."

Ich ärgerte mich, wie gewonnen, so zeronnen. Wollte ich vor Heidi doch gut dastehen.

„Das ich mein Handy irgendwo verloren habe, ärgert mich schon, Georg, aber mir liegt mein Auto noch schwerer im Magen. Vielleicht sieht das mittlerweile so aus, wie das von Frank, oder ist schon in Polen! Au man, ist das ein Elend!" Voller Wut trat er gegen das linke Vorderrad. Zu seinem Bedauern traf er nicht gegen den Gummireifen, sondern gegen die harte Alufelge! Ich war drauf und dran, es ihm nachzumachen, doch sein schmerzverzerrtes Gesicht hielt mich davon ab. Man, kann der fluchen! Das kenne ich ja von ihm, aber einige der Schimpfwörter waren selbst für mich Neuland. Und der Tanz, den er aufführte, irgendwoher kannte ich den. Auf einem Bein, den rechten Fuß in den Händen und immer im Kreis, vorwärts, rückwärts. Wenn das seine Frau sehen könnte, der er doch immer sagt, das er nicht tanzen könne, würde direkt mit ihm in ein Tanzlokal gehen. Alles nachholen, was sie bislang versäumt hatte. Nach einer Weile ging ihm die Kraft im linken Bein aus und er ließ sich ins Gras fallen. Und was machen Männer dann für gewöhnlich? Vorsichtig den Schuh auszuziehen, die Socke auch und dann! Oh! Wenn er nicht schon sitzen würde, dann würde er jetzt umkippen.

„So ein Kack, schau dir das mal an! Sind bestimmt alle Zehen gebrochen! Jetzt reicht es mir endgültig!"
Ja, das sah nicht gut aus, muss ich zugeben.
„Wir können hier trotzdem nicht länger bleiben, sonst haben wir gleich den Bauern am Hacken. Das Auto muss hier weg."
„Ich kann nicht fahren", jammerte Willi unten im Gras liegend.
„Ich auch nicht Willi, mein Fuß ist auch im Eimer. Und nun?"
„Du musst Georg, bei mir geht gar nichts mehr. Wie soll ich denn mit dem Flunken das Gaspedal treten?"
Mir wird es wohl nicht erspart bleiben, wollten wir nicht an diesem Ort verhaftet werden. Übelkeit kam in mir hoch.
„Mit dem Schuhwerk kann ich nicht Auto fahren, dass geht voll in die Hose. Es sei denn, wir tauschen. Du kriegst meine Schuhe und ich deine, dann würde es vielleicht funktionieren."
Ruckzuck war sein linker Schuh aus und mit Mühe richtete er sich auf. Er zog sich die Holzschuhe über und ich half ihm ins Auto. Er stöhnte vor Schmerz auf. Sind die Typen, mit der größten Klappe eigentlich die größten Memmen?, fragte ich mich. Wie neulich beim Arzt. Ich bekam eine Bestrahlung und nebenan wurde Blut abgenommen. Ein paar Frauen gingen rein und kamen wieder raus, ohne Probleme. Dann kam ein Mann herein. Groß und kräftig, sogar sehr groß und kräftig. Ich konnte hören, was gesprochen wurde. Ob er sich hinlegen dürfe, fragte er die Arzthelferin und dann hörte ich sie sagen: „Schauen sie nicht hin, wenn ich die Nadel einsteche." Ein Gejammer und Gestöhne kam aus der Kabine.

Man konnte glauben, er würde umgebracht.

„Sie werden ja ganz blass um die Nase, geht es ihnen nicht gut?", fragte die junge Helferin den mächtigen Koloss. Der stöhnte nur weiter. Sie ging weg und kam schnell wieder zurück. „So", sagte sie, „nehmen sie das und bleiben sie hier liegen, bis es ihnen wieder besser geht. Ich schaue gleich noch einmal vorbei."

„Danke Schwester, danke." Dann lief die junge Frau an meiner Kabine vorbei. Ich war nach zehn Minuten fertig und bin gegangen, da lag der Hüne noch immer auf der Liege.

„Fahr schon los, worauf wartest Du?" Was? Ach so ja. Willi hatte den Motor gestartet und stupste mich an. Wieder auf der Straße, schauten wir uns gemeinschaftlich um und suchten nach einer Lösung für unser Problem. Das Auto brannte ja förmlich unter dem Hintern, nur schleunigst weg damit! Selten das Willi mal gute Ideen hat, aber diesmal hatte er eine.

„Du da vorne links rein, da ist doch ein kleiner See, da können wir die Möhre abstellen."

Gute Idee! Gesagt, getan. Ein paar Bäume gaben uns Deckung, um ungesehen auszusteigen. Wir mussten vorsichtig sein, da sich an dem See häufig Angler aufhielten. Langsam, schnell konnten wir beide ja nicht, entfernten wir uns vom Fahrzeug.Ich war heilfroh, dass mein Willi laufen konnte und das auch noch mit den Holzschuhen. Seine Schuhe an meinen Füßen waren eine Wohltat für mich, trotz der noch immer vorhandenen Schmerzen. Das sah schon sehr dämlich aus, wie er mit den Holzschuhen an den Füßen durch die Botanik humpelte. So sah das also bei mir aus und das in der Stadt. Oh man, wie peinlich! Abhaken, zumindest versuchen.

Wir wollten die Straße überqueren und schauten deshalb zu beiden Seiten. Ob ich bessere Augen habe, als Willi, weiß ich nicht, jedenfalls sah ich in der Ferne ein Polizeiauto kommen.

„Willi los zurück!! Wir müssen uns verstecken, die Bullen kommen da hinten!"

Ein paar Meter hinter uns war ein Graben mit Buschwerk, da humpelten wir hin und sprangen rein. Hölle, was für ein Schmerz im Fuß! Wir bissen beide auf die Zähne! Zuerst bemerkten wir nicht, dass sich Wasser im Graben befand, erst als die Hosen nass wurden. Das war jetzt egal,denn das Auto näherte sich. Viel Verkehr gab es hier draußen nicht, so konnten wir annehmen, dass es sich bei den Motorgeräuschen, um das Polizeiauto handeln muss. Es fuhr langsamer! Hoffentlich haben die uns nicht aus der Ferne gesehen!, dachte ich nur. Sie blieben kurz stehen und bogen dann in den Feldweg ein. Wir sahen sie langsam an uns vorbeifahren und konnten ihre Gesichter erkennen. Gebannt starrten sie nach vorne zum See. Das war unser Glück! Hätten sie zur Seite geschaut , dann hätten sie uns wahrscheinlich gesehen.

„Was wollen wir jetzt machen Georg? Warten wir ab, bis sie wieder weg sind, oder hauen wir direkt ab?"

„Ich glaube, wir hauen lieber direkt ab Willi! Wenn die das Auto finden, dann fahren die bestimmt nicht gleich wieder weg, sondern werden sicherlich Verstärkung holen und bis die hier sind, müssen wir uns abgesetzt haben."

„Klingt einleuchtend, bloß wie kommen wir wieder aus dem Graben raus?"

Ja sicher! Wir sind ja rein gesprungen, weil die Seitenwände des Grabens ziemlich steil und tief waren.

„ Ich wüsste nur eine Möglichkeit....Räuberleiter."

Willi nickte. Ich lehnte mich mit dem Rücken an die Grabenwand, faltete die Hände und Willi trat mit seinen Holzschuhen hinein.Verdammt ist der schwer. Sein Gewicht drückte mich in den Grabenboden ein. Ich biss die Zähne zusammen. Das zog in der Schulter und in den Armen! Dann stieg der Hammel auch noch auf meine Schulter, mit den harten Schuhen! Ich konnte mich kaum noch gerade halten und bevor ich komplett im Morast versank, wurde ich die menschliche Last endlich los.

„Komm ich zieh dich hoch." Welch ein Schmerz im Nacken, beim Blick nach oben. Er streckte mir die Hand entgegen, nach der ich griff und er zog aus Leibeskräften an meinem Arm. Ich hatte das Gefühl, dass er mir den aus der Schulter reißt.

„Du musst schon mithelfen, verdammt noch mal, sonst wird das nichts!"

„Ich stecke fest und krieg meine Füße nicht frei!"

Willi beugte sich rüber. „Hä, wieso steckst du fest?"

„Du fragst wieso? Dumme Frage! Weil du mich mit deinem immensen Sackgewicht runter gedrückt hast! Ich versuche mich zu befreien."

„Beeil dich Georg! Ich stehe hier ungeschützt herum."

Ich zog und drehte die Beine, bis sich leicht etwas tat.

„Wir versuchen es nochmal, gib mir deine Hand."

Er legte sich wieder auf den Bauch und wir versuchten es erneut. Ein lautes saugendes Geräusch und dann ein Plop, als würde man eine Flasche Sekt öffnen und meine Füße waren befreit. Willi brauchte eine kurze Pause und dann zog er mich, mit vereinten Kräften, aus dem Graben. Erschöpft lagen wir auf dem Rücken und waren völlig aus der Puste. Wir schauten uns an.

„Hey", sagte Willi und schaute an mir herunter, „du hast deine Schuhe im Graben gelassen." Ich schaute runter zu meinen Füßen.......tatsächlich und die Socken auch.

„Du, aber das sind nicht meine Schuhe, dass sind deine."

„So eine Scheiße, die habe ich mir doch erst letzte Woche geholt! Au man!"

„Willst du die etwa wieder rauf holen?" Ich meinte es ja nur gut, so ein Verlust ist schmerzhaft.

„Da gehe ich nicht mehr runter Georg, dass rauskommen kostet zu viel Energie und wer weiß, wie tief die im Morast stecken?" Das kommt mir so bekannt vor. Mein Schuh liegt auf dem Grund des Kolks. Wir wussten beide, dass wir zum lamentieren keine Zeit hatten und humpelten über die Straße. Im Gleichtakt versuchten wir uns schnellstmöglich vom Tatort zu entfernen. Ha, schnellstmöglich! Steinchen hier und Steinchen da, alle paar Sekunden trat ich in ein Hindernis solcher Art rein und Willi hatte die gleiche Mühe, mit dem Schuhwerk vernünftig zu laufen, so wie ich zuvor, als es noch meine Schuhe waren.

„Weißt du eigentlich, das wir uns noch weiter von Schulte entfernt haben? Wenn wir Glück haben, dann sind wir vielleicht am späten Nachmittag da."

„Mach mich fertig, man! Das motiviert mich jetzt ungemein", entgegnete ich Willi auf seine Feststellung. Und als hätten wir nicht schon genug Polizeisirenen gehört, hallte hinter uns wieder eine über die Felder und Wiesen der ländlichen Gegend.

„Hab ich´s dir doch gesagt! Die haben das Auto entdeckt und das ist die Verstärkung, die uns suchen soll. Wir müssen runter von der Straße!"

Mein Freund widersprach mir nicht, nur in einen Graben wollten wir beide nicht mehr. In etwa dreihundert Metern Entfernung sahen wir eine Überfahrt. Also, rennen!!! Laut knallten die Holzschuhe von Willi auf den Asphalt der Straße und mir bohrten sich die Steinchen in meine zarten Füße. Umdrehen mochten wir uns nicht! Wir liefen über ein Feld und waren kurz vor ein paar schützenden Bäumen, hinter denen wir in Deckung gehen wollten, da hörten wir die Sirenen nicht mehr. Sie waren eindeutig noch zu weit entfernt, also mussten sie am Tatort eingetroffen sein. Ein Stacheldrahtzaun stellte sich uns in den Weg.....ich atmete tief durch.

„Willi, wie wollen wir da drüber kommen? Früher bin ich mit einem Satz darüber gesprungen und heute?"

Nicht das er unüberwindlich aussah, aber ohne Schuhe und mit dem vielen Astwerk auf der anderen Seite, stellte ich mir das rüber springen nicht besonders angenehm vor. „Willi ich.....?" Der Sack hat sich mit den Holzschuhen rüber gemacht und läuft einfach weiter! So ein Egoist! Ich traute mich nicht, hinter ihm herzurufen.

„Ich musste also rüber, egal wie! Den rechten, lädierten Fuß hoch, zwischen zwei Stacheln, die Hände an den Pfosten und dann mit Schwung! Ratsch...knack!!! Angekommen bin ich und meine Füße sind soweit heile geblieben, aber die Landung an sich, war doch sehr hart. Voll auf den Hintern, mitten in das Geäst, das von den Bäumen auf den Boden gefallen ist und mir in den Allerwertsten piekste. Klar, die Hose war nun auch im Arsch. Ein kleiner Stofffetzen hing noch am Stacheldraht, der mir jetzt in der Hose fehlte. Im Liegen schaute ich noch zur Straße. Wenigstens das! Von der Polizei war nichts zu sehen.

Der gute Willi lief wie ein Bauer mit Holzschuhen übers Feld, die Hände bis zu den Ellenbogen in den Hosentaschen und selbst das Humpeln passte wunderbar in das Bild. Wenn ich es nicht besser wüsste, also wenn ich ein Außenstehender wäre, dann könnte man schon glauben, er wäre ein Bauer.

Hier konnte ich besser laufen und hatten den Flüchtigen bald eingeholt. Ihm eine Rüge zu erteilen sparte ich mir. „Ach, bist du auch schon da? Hast du noch was von der Polizei gesehen?"

„Ne, dass nicht. Wir müssen uns nur weiter von der Straße entfernen, aber da sind wir ja auf dem richtigen Weg. Querfeldein kommen wir auch schneller nach Bauer Schulte, wir müssten uns nur mehr nach rechts halten." Mit Himmelsrichtungen kennen wir Männer uns aus, Frauen haben da so ihre Probleme mit. Wenn Heidi irgendwas im Süden meint, dann zeigt sie garantiert in eine andere Richtung und wenn ich sie dann verbessere, dann sagt sie, ist ja egal, dann eben in diese Richtung. Ein Feldweg und genau in diese Richtung, es kann nur besser werden. Auf der Grasnarbe lies es sich noch ganz angenehm laufen. Mein malträtierter Fuß passte sich allmählich dem grünen Untergrund der Grashalme an, nur das aufdringliche Blau stach ein wenig heraus.

Die Sonne brannte erbarmungslos auf unsere Häupter und machte den Durst noch unerträglicher. Auf den Feldern und Wiesen gab es keinen Schatten und auch der manchmal leicht aufkommende Wind brachte keine Abkühlung, sondern nur Staub. Ein Vorteil hatte es ja, unsere Hosen waren längst wieder trocken. Kühe gab es hier kaum und wenn sie mal auf einer Wiese zu sehen waren, dann hatten sie sich meist in den schattigen Unterständen zurückgezogen, die wir gerne zum ausruhen genutzt hätten. Moment, wo Kühe sind, da sind auch Kuhtränken. Theoretisch hätte man dort den Durst stillen können, aber mein Magen sagte nein und Willi kamen solche Gedanken erst gar nicht. Nach langer Zeit schaute ich mal wieder auf meine Uhr. Stehen geblieben, was sonst! Willi hatte sich wohl an seine Holzschuhe gewöhnt, sein humpeln sah sehr gleichmäßig aus. Sicher etwas, was aus der Zeit, bei der Bundeswehr in ihm haften geblieben ist und was er jetzt wieder abrufen konnte. Endlich sahen wir wieder eine Straße, von der es nun nicht mehr weit nach Bauer Schulte war. Das gab uns gleich wieder einen Schub, wir wurden gleich 0,3 km/h schneller. Ein Auto kam heran gejagt und bevor wir vor Angst zu Salzsäulen erstarrten, sahen wir, dass es sich um das Auto von Bert handelte. Heftig winkend versuchten wir, auf uns aufmerksam zu machen. Das Auto wurde langsamer und blieb letztlich stehen. Eine Hand winkte uns zu, deren Besitzer wir nicht erkennen konnten. Aber das war auch nicht so wichtig, wichtiger war, dass sie uns heranwinkte. Jennifer!!! War mir schon klar! Ihre Augen wurden immer größer, je näher wir kamen. Wir stiegen ein, Willi hinten und ich vorne. Jennifer brauchte eine kurze Zeit, in der sie uns von oben bis unten musterte.

„Was ist denn mit euch passiert? Ich dachte grade, da gehen zwei Bauern über ihr Feld. Wenn ihr nicht gewunken hättet, wäre ich glatt an euch vorbeigefahren. Ihr seht aber auch verboten aus. Mein Gott Georg! Heute Morgen habe ich dich doch getroffen, da hast du noch manierlich ausgesehen.

Du weißt ja, du hattest extra ein Vollbad genommen und was soll ich sagen, das hättest du jetzt wieder nötig. Und wie ihr stinkt. Wenn ich das gewusst hätte, wäre ich weitergefahren. Pfui Deibel noch mal!"
Vorwurfsvoll schaute sie in den Rückspiegel und als von uns keine Reaktion kam, wurde sie böse.
„Sagt mal, steht ihr unter Drogen? Normal ist das mit Euch beiden nicht! Kriegt mal die Zähne auseinander!"
Ich versuchte es, aber es war nicht einfach. Der Mund war so extrem trocken und die Lippen pappten zusammen.
„Nemmiffer, tuf unf leif." Will nicht richtig.
Sie schaute mich entgeistert an. „Ah jetzt verstehe ich, ihr habt gesoffen und ihr seit schwindelig. Das ihr euch nicht schämt, am hellerlichten Tag. Ich kann es nicht fassen! Habt ihr euch etwa im besoffenen Kopp in ein Jauchefass gelegt? Wenn man euch schon mal frei rumlaufen lässt!"
„Nee Nemmiffer", mischte sich Willi von hinten ein, „daf if ganf anderf, man meine Funge."
Ich versuchte mein Mundwerk wieder in den Gang zu bekommen. Den Mund weit auf und hauchte, „Haaahhh, hach, ohhhhh, och, mimimi", und leckte verzweifelt über die Lippen.
„Ich kenne euch schon ziemlich lange Jungs, seit meiner Kindheit, aber so wunderlich seid ihr mir noch nie rüber gekommen. Da muss mehr, als nur Alkohol hinter stecken." Zweiter Versuch!
„Jennifer! Jetzt klappt es, na Gott sei Dank. Jennifer wir haben keinen Alkohol getrunken, nur....!"
„Ich hätte aber jetzt gerne welchen", tönte es von hinten, „ne schöne Flasche Bier."
„Du Willi, der Gestank kommt von dir, eindeutig von dir. Ihr müsst doch irgendetwas angestellt haben!

Ist mir jetzt auch Schnuppe! Ich bringe euch nach Bauer Schulte und keinen Meter weiter. Bert bringt mich um, wenn der in seinen Wagen steigt. Ach was sage ich, der kippt um und ist zu was anderem nicht mehr in der Lage."
Ein Polizeiauto kam uns entgegen und wir zuckten zusammen und machten uns in den Sitzen ganz klein.
„Sieht so aus, als hättet ihr auch noch die Kacke am Dampfen. Ich sage es ja, wehe wenn man euch mal allein loslässt. Schlimmer als ein Kindergarten."
Wir waren froh, endlich an der Straße von ihr raus gelassen zu werden. Noch mehr Schelte konnten wir nicht mehr ertragen und die Wahrheit wollten wir ihr auch nicht erzählen. Auf den Hof wollte sie uns nicht mehr fahren und ihre Verabschiedung viel ziemlich knapp aus. Ich konnte sie ja irgendwie gut verstehen. Es wird sich bestimmt bald eine Gelegenheit ergeben, sich zu entschuldigen, dann können wir hoffentlich wieder einiges einrenken. Ein dicke Last fiel von uns ab, endlich wieder auf dem vertrauten Bauernhof zu sein. Mit schweren Füßen um die Ecke schlendern, um in das liebliche, vertraute Gesicht des Bauern zu schauen.
Was ist das!!!???! Willi´s Auto???!! Wie, was!!! Wie kommt das denn hier auf den Hof?!!!! Willi stand angewurzelt auf einer Stelle, rannte dann ruckartig los, blieb wieder stehen und ging dann endgültig zu seinem Wagen.
„Wenn da jetzt eine Macke dran ist, dann, dann!!!"
Mir viel eine tonnenschwere Last ab. Wie Louis de Funes rannte er um seine Schüssel. Er hielt mal an der Stelle an, mal an jener und das wiederholte sich so einige male. Allmählich wurde Willi ruhiger. Ich schaute mir das Schauspiel mit gebührlichem Abstand an.

Von der Seite näherte sich mir Arthur, der sich doch schon vorhin unauffällig verabschiedet hatte.

„Hallo Georg, gut das ihr endlich zurück seid. Ich warte schon eine ganze Zeit lang auf Euch." Arthur wurde von Willi jäh unterbrochen, machte der doch wieder einen Aufstand.

„Von außen ist alles soweit in Ordnung, nur drinnen, da liegt ein Päckchen auf der Rückbank. Ich würde dem Saftsack zutrauen, dass er mir da eine Bombe reingelegt hat!" Das konnte ich so nicht stehen.

„Jetzt ist aber alles zu spät, mein Lieber! Basti mag sein, wie er will, aber ein Terrorist, oder langhaariger Bombenleger ist er nun wirklich nicht!"

Arthur die Maus, sprang nach vorne. „Das wollte ich euch doch sagen, Basti hat für euch einen Vergaser besorgt, der liegt hinten in dem Karton und ich habe den Schlüssel vom Wagen. Den hat er mir gegeben."

Unfreundlich riss Willi ihm den Schlüssel aus der Hand. Was kann der arme Kerl dafür? Mit einem Klack öffneten sich die Türen. Bevor er sich des Kartons annahm, überprüfte er zuerst den Innenraum auf Beschädigungen. Als er nichts finden konnte, setzte er sich genüsslich auf den Fahrersitz und schaute mit verklärtem Blick nach vorne. Für ihn war nun die Welt wieder halbwegs in Ordnung. Und für uns? Arthur tippte mir auf die Schulter.

„Du Georg, Frank ist in der Scheune und wartet auch auf euch." Ein Schrecken jagte mir durch die Glieder! An Frank hatte ich gerade gar nicht mehr gedacht und das ist so, wenn man ein schlechtes Gewissen bekommt, dann jagt einem der Schrecken noch schlimmer durch die Knochen.

Wie sollte ich ihm nun unter die Augen treten, nach all dem, was uns mit seinem Auto passiert ist? Das musste ich erst einmal dem Hauptverursacher mitteilen, dass schlechte Gewissen musste geteilt werden.

„Willi, Frank ist in der Scheune, willst du ihm klaren Wein einschenken? Ich halte mich daraus, dass überlasse ich dir." Ganz schön feige von mir, aber mir ging auch der Stift. Sollte ich vielleicht seinen Quatsch ausbaden, den er mir eingebrockt hatte? Mit dem Karton in der Hand lief er zur Scheune. Auch er hatte ein sehr schlechtes Gewissen und wohl war ihm auch nicht bei dem Gedanken, Frank jetzt in die Augen sehen zu müssen. Wie ein begossener Pudel lief ich ihm hinterher. Frank hatte die Motorhaube von unserem Hobbyobjekt geöffnet und fummelte an irgendetwas herum. Er drehte sich zu uns um. Seine Hände waren Ölverschmiert und sein Lächeln ließ ein bisschen vom schlechten Gewissen abbröckeln.

„Wo kommt ihr denn jetzt her? Wart ihr solange vor unseren Verfolgern auf der Flucht, oder habt ihr eine Weltreise gemacht? Ich warte nun seit etwa zwei Stunden auf euch. Wenigstens war Arthur hier und hatte mir von dem Vergaser erzählt. Wie ihr seht, habe ich den Alten schon raus montiert."

Eisiges Schweigen auf unserer Seite, wir konnten nur blöd aus der Wäsche schauen. Alle Vier schauten wir in die Runde, von einem zum anderen.

„Was ist denn mit euch los? Ihr steht da herum, wie die Ölgötzen, hattet ihr eine Begegnung mit einer Hydra gehabt? Willi, du hast doch deinen Schlüssel wieder, was soll ich sagen?"

„Äh ja, das ist auch prima, schöner Anblick da draußen, äh ja", stotterte Willi sich einen zusammen.

Frank sah ratlos aus und ich wusste auch warum. So kannte er uns nicht, so sprachlos, so unbeholfen, so Arthurmäßig.

„Woran liegt es, dass ihr so schweigsam seit? Ich habe da so eine Vermutung."

Willi und ich rückten näher zusammen, uns rutschte das Herz in die Hose und unsere Gesichter waren roter, als vom Arzt erlaubt.

„Ihr habt bei dem Wetter sicherlich einen höllischen Durst, hab ich recht? Schaut mal in den Kühlschrank, da steht was für euch drin."

Ich fasse es nicht! Auf der einen Seite eine Erleichterung in zweierlei Hinsicht und auf der anderen ein noch beschisseneres Gewissen. Wir haben.......ach......und er bringt noch was zu trinken mit.

„Haste auch Bier mitgebracht?" Typisch Willi, zwecklos den ändern zu wollen.

„Das wäre doch zu viel des Guten gewesen. Ich bin mit dem Fahrrad hier draußen, meinst du, dass ich da wer weiß was alle mitschleppen kann? Es gibt Limo und Wasser, das muss reichen."

Ich hatte zwar Brand, wie eine siamesische Bergziege, aber das angenehme, schön kühle Wasser ging mir quer herunter. Willi hatte sich seine Limonade in ex und hopp reingezogen. Man hörte förmlich, wie die Flüssigkeit in dem überhitzten Körper verdampfte.

„Danke Frank, dass war eine Wohltat. Fein, dass du daran gedacht hast, nochmals danke."

Ich schloss mich Willi´s Worten an.

„Ja, da hat Willi recht Frank, sehr aufmerksam von dir, danke."

„Und Frank, was ich dir noch erzählen wollte, dein Auto.....!"

Ich remepelte Willi mit meiner Schulter von der Seite an, sodass er seinen Redefluss unterbrechen musste und ihm die leere Flasche aus der Hand fiel. Böse schaute er mich an. Ich wollte mich gerade dafür entschuldigen, doch da ergriff Frank das Wort.

„Ja Jungs, mein Auto.....tja, dass ist eine Geschichte. Es wurde mir gestohlen und das Schlimme daran ist, dass es meine eigene Blödheit war."

Willi schaute mich mit offenem Mund und großen Augen an. Jetzt hatte er es begriffen, warum ich ihn angerempelt habe. Frank fuhr fort.

„In der Hoffnung, dass mir daraus kein Strick gedreht wird. Das ist passiert, als wir auf der Flucht vor den Chaoten waren. Idiotischerweise sind wir alle in verschiedene Richtungen gerannt. Ich habe noch versucht, euch zum Auto zu lenken, aber vergeblich. Da bin ich dann hingelaufen und wollte gleich losfahren, aber das Fahrrad hatte sich im Kofferraum total verschoben und die Decke, die auf dem Rad lag, ist in den Kofferraum gefallen. Ich hatte zudem mitbekommen, dass niemand mehr hinter mir her war, da hatte ich Zeit. Ja nur ein wenig, schließlich wollte ich euch ja noch irgendwo in den Straßen aufgreifen. Jedenfalls hatte ich das Rad aus dem Kofferraum genommen und an eine Hauswand gestellt und was soll ich sagen? Sprang doch in dem Moment mein Motor an und so ein Spaghetti raste mit meiner Karre davon! Hinterher rennen wäre vollkommen zwecklos gewesen, da ich völlig geplättet war. Also Handy raus und die Polizei anrufen, mehr blieb mir nicht. Jetzt kommt ihr."

Mir fehlten die Worte und nicht nur deswegen schaute ich Willi von der Seite an. Der wusste, was ich meinte.

„Frank, dass ist aber wirklich, wie soll ich sagen, ja eben dumm gelaufen. Du wir haben, also nicht wir, Georg hat dein Auto noch in der Stadt gesehen, wo es von der Polizei verfolgt wurde. Ich wollte damit nur sagen, dass wir schon leichte Vorkenntnisse von dem Autodiebstahl hatten, jedenfalls mehr, als eine Ahnung, äh, wir konnten es uns denken." Frank sprang rüber zu mir.

„Sag Georg, hast du die Type erkennen können? War doch so ein Spaghetti, hab ich recht?" Er schüttelte an meiner Schulter und guckte mich erwartungsvoll an.

„Das ging alles sehr schnell Frank. Ich hörte Polizeisirenen, dein Auto raste an mir vorbei und war auch schon wieder verschwunden. Aber so schemenhaft meinte ich auch, eine südländischen Typen erkannt zu haben. Die Polizei war hinter dem her und ich war total verdattert."

„Kann ich gut verstehen. So ein Mist, dass die Karre nicht abgeschlossen war, wenn die das rauskriegen, dann kann ich einpacken."

„Wie jetzt, du hast das Auto schon aufgehabt?" Willi hörte wohl nur halb hin, ansonsten würde er nicht so doofe Fragen stellen.

„Ja klar, ich hab das Auto aufgemacht, das Fahrrad rausgeholt, ja und dann......!" Frank machte eine Bewegung mit dem Handrücken nach vorne.

„Das ist aber......ganz schöne Scheiße! Tut mir leid, dass es so gelaufen ist, wenn ich dir helfen kann?" Ein reuiger Willi, oder nur ein Heuchler?

„Ich war froh, das ich Georg´s Fahrrad hatte, beziehungsweise das von Heidi, so konnte ich gleich zur Polizei fahren und noch zu meiner Versicherung.

Alles schon erledigt. Nun dürfen die nur nicht dahinter kommen, das der Wagen schon auf war, dann bin ich aus dem Schneider."

Das zauberte bei Willi und mir ein Lächeln auf den Lippen. Ist eben alles eine Sache der Ansicht und Heidi´s Fahrrad ist doch nicht verschütt gegangen.

„Frank, wo ist denn Heidi´s Fahrrad?"

„Rechts neben dem Scheunentor, kannst du es da vorne sehen?"

Schön, da war es, so ein schönes Fahrrad. Das ist ja noch einmal gut gegangen. Der liebe Willi fingerte schon wieder am Kühlschrank herum, als wenn nichts gewesen wäre. Reue ist bei ihm von kurzer Dauer, oder erst gar nicht vorhanden.

„Georg, Willi, kurz bevor ihr gekommen seid, rief die Polizei an, dass sie mein Fahrzeug gefunden haben. Ihr werdet es nicht glauben, ganz hier in der Nähe. Völlig demoliert, Schrottwert sagten sie. Morgen kann ich mir das Teil noch einmal anschauen. Ehrlich gesagt kann ich mir das sparen, der Anblick würde mir nur leid tun."

Komisch, dass er dabei hämisch grinste, aber genau das hielt mich davon ab, nochmals die Ohren hängen zu lassen. Frank fuhr fort.

„Ich war doch bei der Versicherung, haha und danach bin ich gleich, na gut, war ein kleiner Umweg, jedenfalls bin ich gleich bei Auto Welfer und hab mich mal kurz informiert. Ja, da sind tolle Autos bei und ich glaube, ich bin auch fündig geworden. Boah, ich kann es gar nicht abwarten. Hoffentlich geht alles mit der Versicherung klar." Wir mussten alle Lachen. Willi und ich gequält vor Erleichterung und Frank vor lauter Freude. Wie das Leben so spielt, des einen Freud ist des anderen Leid.

Als wenn Frank uns bisher nicht wahrgenommen hätte, fragte er: „Wie seht ihr denn aus? Hast du jetzt überhaupt keine Schuhe mehr Georg? Und Willi hat die Holzschuhe an? Wie seit ihr eigentlich zu Schulte gekommen?"
Ich war wohl dran zu erklären, denn Willi wühlte in dem kleinen Karton herum, den Basti in sein Auto gelegt hatte. Und das war auch gut so!!
„Jungs, ihr werdet es nicht glauben, der Spacko hat tatsächlich einen brauchbaren Vergaser besorgt und achtzig Euro sind übrig geblieben, die hat er mit dazu gelegt. Ich glaube wieder an Wunder!"
Triumphierend hielt er das Teil in die Höhe, wie einen Siegerpokal und in der anderen Hand das Geld. Ein Zettel fiel dabei auf den Boden. Ich hob ihn auf und es stand etwas darauf geschrieben. Die Schrift erkannte ich sofort.
„Seid mal kurz ruhig, Basti hat etwas geschrieben. Ich lese es euch mal vor."
„Hallo! Es war nicht einfach so ein Teil zu besorgen, aber wie Ihr seht, hier ist es. Willi´s Auto wollte ich lieber nicht benutzen, war mir zu brenzlig. Habe mich lieber von einem Freund fahren lassen und Walter hat das Auto von Willi nach Schulte gefahren. Wenn ihr noch Fragen habt und Arthur noch da sein sollte, kann er sie beantworten, er weiß Bescheid. Bis bald Basti!"
„Also ich bin einfach nur sprachlos."
Aber nicht nur das, sondern auch sauer auf Willi und da war ich nicht der Einzige. Frank war auch nicht mehr ganz so gut gelaunt. Das haben wir nur ihm zu verdanken, seiner Ungeduld und seiner unendlichen Blödheit.
„Du hast allen Grund, so dumm aus der Wäsche zu gucken, eigentlich müssten wir dir die Eier langziehen. Deinetwegen ist unser Hobbytag ins Wasser gefallen.

Ich möchte wissen, wie du das wieder gutmachen willst!
Wo ist eigentlich Arthur?"

Gerade eben noch in Siegerpose und jetzt ein begossener
Pudel. So ist er, unser Willi, von einem extrem ins andere,
nicht einfach zu nehmen und doch unser Freund.Ganz frei
nach dem Motto: Denn er weiß nicht, was er tut!

„Arthur ist draußen vor der Scheune", sagte er kleinlaut,
„und den Vergaser bezahle ich alleine."

„Und ist das alles?", wollte Frank wissen.

„Ne und die nächste Reparatur bekommt ihr umsonst bei
mir."

„Mit Ersatzteile!" Frank ließ nicht locker. Zerknirscht
nickte Willi.

„Aber das ganze dann dreimal, so kommst du mir nicht
davon!" Jetzt war sein Gesichtsausdruck doch eher
empört.

„Ne, sagen wir zweimal, aber dann reicht es auch."
Überzeugend war die Gegenwehr nicht wirklich, hörte
sich nicht endgültig genug an.

„Dreimal, dann geben wir auch Ruhe:" Oh oh, Frank haut
ganz schön auf den Putz.

„Ja gut, aber dann ist endgültig Schluss." Ja, dass war
wohl alles, was Frank rausholen konnte. Immerhin, dass
entschädigte für einige der Strapazen und es trifft ja auch
keinen Armen. Seine Werkstatt läuft nicht schlecht und im
nach hinein, hätte er in Sachen Vergaser ruhig mal seine
Beziehungen spielen lassen sollen. Ach was! Wieso mache
ich mir über den seine Gehirnwindungen Gedanken?`

„Habt ihr noch Lust, an der Möhre rum zuschrauben? Ich
würde jetzt lieber nach Hause fahren, leider fehlt mir das
Auto dazu." Frank schaute Willi an, der unerwartet wieder
motorisiert war.

„Mit dem Fahrrad von Heidi kann ich wohl nicht zurückfahren, ich gehe davon aus, das Georg das Fahrrad mitnehmen will und außerdem ist mir der Heimweg dann auch zu weit." Ne, Lust hatte überhaupt keine mehr, an so einem Tag.

„Soll mir recht sein Frank, aufs Schrauben habe ich keinen Bock mehr und klar nehme ich dich mit."

„Dann nehmt Arthur auch mit, wie soll der sonst nach Hause kommen?"

Willi guckte zwar angewidert, stimmte dann aber doch zu. Dann ging alles ganz schnell. Willi stellte die Holzschuhe vor Schultes Haustür, ich holte das Fahrrad aus der Scheune und schloss das Tor. Barfuß setzte sich der Chaot in seinen Wagen, indem sich schon die anderen Beiden befanden. Frank saß neben Willi und motzte. Ich musste grinsen, denn an Frank´s Gestik konnte ich erkennen, warum. Er zeigte runter zu Willi´s Füßen und hielt sich die Nase zu. Eine leichte Staubwolke folgte dem Wagen hinterher und dann waren sie weg und mit ihnen ein wunderbarer Hobbytag.

Komisch nur, dass Willi sich nicht mehr negativ zu unserem Hobbytag geäußert hatte. Von aufhören war nicht mehr die Rede, er hatte nur tschüss bis zum nächsten Mal gesagt. Für ihn war die Welt ja auch wieder himmelblau. Ich war nur froh, heile aus der Geschichte raus gekommen zu sein und ich hatte ein Fahrrad, mit dem ich gut zurückfahren konnte.

7

Hat Jennifer mir nicht gesagt, wie ich schneller zurückkommen kann? Am Rande des Bauernhofes schaute ich über die besagte Wiese. Okay, dann mal los! Bis ich am Feldweg war, bin ich zweimal in Kuhfladen getreten. So richtig schöne, frische Kuhfladen und das Barfuß, Schuhe hatte ich ja keine mehr. Nicht ganz richtig, meinen linken Schuh, den ich bei Bauern Schulte gelassen hatte, hatte ich nun hinten auf dem Gepäckträger geklemmt. Ich schaute an mir herunter, zu den Füßen. Die Scheiße der Kühe quoll zwischen den Zehen hoch und von dem Grün und Blau am rechten Fuß war nichts mehr zu sehen. Na toll! So auf das Fahrrad steigen und die Pedalen versauen, geht gar nicht. Im Gras versuchte ich mein Glück. Ein bisschen ging ab, aber eben nur ein bisschen. Heidi erschlägt mich, wenn ich ihr das Fahrrad so stinkend vor die Tür stelle. Der Kolk!!! Sicher, da komme ich ja gleich vorbei! Kurz die Füße rein, abwaschen und weiter geht's. Jau, so wird es gemacht! Beeilung war angesagt, denn gleich wird es dämmrig und dann kann ich nicht mehr ins Gewässer reinschauen. Ich habe keine Lust auf so einen widerlichen Egel am Bein. Das Laufen auf dem mittleren Streifen des Feldweges war relativ angenehm und das Rad ließ sich leicht schieben. Ich konnte die Bäume sehen, die am Kolk standen. Nanu, was ist das? Ein Auto? Ich konnte tatsächlich ein dunkles Auto erkennen. Ich blieb kurz stehen und versuchte aus der Distanz was zu erkennen. Ist mir egal, sagte ich mir und ging weiter. Aber nicht viel weiter!

Ich zuckte zusammen, als im Gebüsch kurz ein „Zzzzzhhhhhh", zu hören war. Ich wollte zur Seite springen, doch mein Rad war mir im Weg. Ich konnte einen Sturz grade noch vermeiden.

„Georg, du Trottel, nicht so laut." Seit wann können Schlangen sprechen? Aber die Stimme der Schlange kannte ich doch! Eine Hand ragte aus dem Gebüsch und winkte mich heran.

„Stell dein Fahrrad hinterm Gebüsch ab, aber leise und dann komm hier rein. Pssst!

Eindeutig Jennifer! Ihr Fahrrad stand auch hier versteckt. Was hat sie nur vor und warum jagt sie mir so einen Schrecken ein?

„Ich hätte nicht gedacht, dich heute noch einmal zu sehen Jenni....!"

„Nun sei doch leise Georg!" Sie zeigte mit den Fingern erst auf den Boden und dann nach vorne. Ich hockte mich neben ihr und weitere Fragen meinerseits erübrigten sich. Zwei Nackte tummelten sich im Kolk, das konnte ich zwischen dem Astwerk gut erkennen.

„Die hättest du mir fast vertrieben", flüstert sie grinsend.

„Du wirst es mir nicht glauben Jennifer, aber die kenne ich. Genauso habe ich die Beiden heute Nachmittag schon einmal gesehen. Weißt Du, wer das ist?"

„Na klar Georg, die kennt man doch aus der Glotze, ich lach mich kaputt."

„Der alte Runzelarsch gibt anscheinend nicht auf, dabei hatte er schon vorhin keinen mehr ho......, äh, der konnte schon vorhin nichts mit ihr anfangen."

„Georg, ich komme nicht aus dem Kloster und ich bin von dieser Welt. Nichts desto trotz, jetzt hat er einen hoch gekriegt, erstaunlich wenig allerdings.

Wo nicht viel ist, da kann auch nicht viel kommen."
Ich musste grinsen und schüttelte mit dem Kopf.
„Also Jennifer, ich muss schon sagen....!"
!Was wolltest du sagen? Das heute hier an dem Tümpel
viel los ist? Da gebe ich dir recht, lauter nackte
Tatsachen." Wie peinlich!
Die Beiden im Kolk bespritzten sich mit Wasser und
kicherten dabei wie kleine Kinder. Sie hatte immer noch
die tolle Figur und er sah noch immer scheiße aus.
Wie sind die wohl zusammengekommen? Geld, geht dabei
um Geld? Eine andere Lösung konnte ich mir nicht
vorstellen. Eine Decke lag auf der Wiese vor dem Kolk, ob
es da schon drauf passiert ist?
„Jennifer, haben die Beiden da vorne auf der Decke
schon....du weißt, was ich meine."
„Ne ne, haben die nicht, die sind erst kurz vor deinem
Eintreffen hier angekommen. Passiert ist da noch nichts.
Ich warte schon die ganze Zeit darauf."
„Hey, wie kann man nur so lüstern sein Jennifer?"
„Neugierde Georg, weibliche Neugierde, mhhhh."
Plötzlich fing sie laut an zu kreischen, wie eine wilde
Furie schlug sie wild um sich.
„Da ist was!! An meinen Po!!!"
Jennifer schaute mich an. „Na, was meinst du? Auch ein
Egel?" Wir kamen aus dem Grinsen nicht mehr raus. Wie
ein geölter Blitz stand sie in voller Schönheit auf der
Decke und war nicht zu beruhigen. Ihre Oberweite sprang
mit ihren Beinen um die Wette. Gefiel mir ausgesprochen
gut, sehr gut sogar. Ein dunkler Punkt war an ihrem
Allerwertesten zu sehen. Ich muss schon sagen, dass war
es wert, da genauer hinzuschauen, aber nicht auf den
dunklen Punkt, logisch.

Schwerfällig kam auch ihr Galan aus den Fluten, um ihr behilflich zu sein. Im Wasser bewegte er sich eleganter, irgendwie leichter. An Land kämpfte er gegen die Schwerkraft an, wie ein Seeelefant. Nur seine käsige Hautfarbe ließ einen Vergleich nicht zu. Bis zu diesem Zeitpunkt wurde meine Shorts mal wieder stark strapaziert, dass legte sich nun wieder. Der Heini kann einem aber auch alles kaputtmachen. Typisch Politiker! Die haben keine Hemmungen, einem jegliche Fantasien zu nehmen.

„Was ist das?! Da hängt doch was schwarzes, kannst du das sehen?"

„Ich bin gleich bei dir Schatz, einen Augenblick noch." Ich schätze mal, bei dem ist ein Augenblick eine halbe Ewigkeit. Ja lüg ich denn? Der steht vor ihrem süßen Hinterteil, wie Graf Koks von der Gasanstalt.

„Ja ähhhh, sieht aus wie ein Tier, glaube ich."

Das löste erneut eine Springattacke bei ihr aus, natürlich mit wildem Gekreische. Der runzelige Typ lief unbeholfen auf sie zu und kriegte eine Hand von ihr ins Gesicht gepfeffert, dabei verzog er das Gesicht und torkelte nach hinten.

„Los du Ochse, helf mir endlich!!"

„Du hast mich geschlagen", erwiderte er, „Was meinst du wohl, das tut weh!"

War die Mimose gar am flennen? Er hielt sich nämlich beide Hände vor das Gesicht, als wartete er auf große Schmerzen. Erzürnt sah sie herüber, zu ihrem peinlichen Liebhaber. Sie hielt die Panik inne und versuchte sich selber des Problems anzunehmen. Wir konnten dabei ihren Widerwillen in ihrem Gesicht sehen, als sie nach dem Ungeheuer griff. Sie zog dran, vergeblich!

Wussten wir´s doch, Erfahrung, reine Erfahrung.
„Wenn du mir nicht sofort hilfst, dann, dann........! Grrrrrr, dann garantiere ich für nichts!!" Er ließ doch tatsächlich die Hände von der Politikerfratze und bequemte sich zu ihr. „Halt mal stille, ich versuch mal das Vieh abzukriegen."
Seine wurstigen Finger griffen nach dem Subjekt des Aufruhrs und flutschte auch gleich wieder ab. Das wiederholte er einige Male, bis sie die Geduld verlor. „Für was bist du eigentlich zu gebrauchen? Du wolltest dich doch in freier Natur austoben, dass war rein deine Idee! Du meintest ja, da würde es klappen und bringt jede Menge Spaß! Das ich nicht lache! Jetzt haben wir extra Viagra besorgt und was ist? Der Kleine kommt mal kurz unter der Speckfalte deines Bauches zum Vorschein und dann ist der Zauber auch schon wieder vorbei. Und nun mach mir endlich das Ding ab!!!"
Nicht schlecht! Jennifer und ich bekamen ganz spitze Ohren. Welch ein Schauspiel wurde uns da kostenlos geboten, ein Naturschauspiel der Extraklasse. Sie war wahrlich eine super Akteurin, ein Profi, reif für Hollywood und er war leider unterste Schublade. Hilflos stand er neben ihr und wusste nicht mehr weiter.
Jennifer guckte mich an und nickte seitlich mit ihrem Kopf in deren Richtung, dabei schloss sie sanft ihre Augen und fragte: „Was meinst du?"
Mir schlug das Herz bis zum Hals, sich zu erkennen geben und einfach auf die zugehen? Schluck!! Ich zweifelte noch und war hin und hergerissen. Jennifer grinste hämisch und ich wusste, sie nimmt mir meine Entscheidung ab. Lässig, als wenn nichts wäre, schlenderte sie auf die Beiden zu.

Ich trottete unauffällig hinter ihr her, ihren schmalen Rücken als Tarnung nutzend. Erst bemerkten sie uns nicht und schmissen sich weiter Schimpfwörter an den Kopf, aber dann! Sie suchte ihre Kleidung und merkte nicht, dass sie darauf herum trampelte. Und er? Er hatte eine Reaktion, wie eine Schlaftablette, ach, was sage ich, wie eine ganze Packung davon und suchen tat er auch was, aber ich glaube, dass er selber nicht wusste was.

Trotz untergehender Sonne war es noch hell genug, um ihr vor Scham rotes Gesicht zu sehen. Jetzt fiel es ihm auch ein, was er suchte. Schimpfwörter! Der hatte ein Repertoire im Angebot, dass man nur rot werden konnte. So variantenreich, da würde selbst Willi blass vor Neid, wenn er das hören könnte. Aber zwischen den Zweien gibt es ja auch gravierende Unterschiede. Mein Freund ist ja auch kein Intellektueller und von Politik hat er schon gar keine Ahnung. Dafür machte er optisch die bessere Figur, was nun wirklich kein Kunststück ist.

Aus der Nähe sah er noch scheußlicher aus, wie ein Brechmittel auf zwei Beinen. Als Jennifer direkt vor ihm stand, beruhigte er sich ein wenig.

„Was haben sie hier zu suchen? Sie sind doch wohl ganz gemeine Spanner!"

Seine Begleiterin suchte Sichtschutz hinter seinem massigen Rücken. Sie hatte es aufgegeben die Decke vom Boden zu heben, um sich damit einzuhüllen, ihr Adonis stand auf ihr und da wäre ziehen zwecklos gewesen. Frech schaute Jennifer sich seinen von Schnitzeln gestählten Körper von oben bis unten an. Ein wenig war er schon irritiert. Trotzdem hielt er es nicht für nötig, die Hände vor seinem „Freudenspender" zu halten. Wäre auch völlig unnötig gewesen.

Der Bauch hing drüber und wenn was zu sehen war, war es nicht erwähnenswert. Nur dieser lange Turnbeutel der da bis zu den Knien hing, fiel schon aus dem Rahmen. Hat seine Begleiterin nicht vorhin darüber gelacht? Dann muss das gesamte Kunstwerk da unten ein Freudenspender sein, dass ist die einzig logische Schlussfolgerung.

Jennifer war um Fassung bemüht, lächeln ja, aber nicht laut loslachen. Ich war noch immer peinlich gerührt.

„Oh entschuldigen sie, dass wir auf ihr Privatgrundstück getreten sind, wir hatten ja keine Ahnung. Wir sind schon sooft diesen Weg gegangen, dass wir davon ausgingen, das er öffentlich ist. Jetzt lernen wir mal die Besitzer kennen, ist das nicht nett Georg?"

Ich schielte nach vorne und versuchte meine Augen unter Kontrolle zu bekommen.

„Das ist mir neu Jennifer, dann wird Bauer Schulte das Terrain heute verkauft haben. Gesagt hat er mir nichts, von der Transaktion, aber er redet auch nicht viel."

Wow, ich kann ja auch ironisch! Jennifer ist wirklich ansteckend.

„Das ist unverschämt, wildfremde Menschen zu beobachten, dass wird Konsequenzen für sie haben!"

Da konnten Jennifer und ich nur lauthals lachen.

„Wenn wir in ihrer Situation wären, klar, sind wir aber nicht", sagte Jennifer mit so viel Ironie, das es sogar bei mir runterging, wie Öl. So ein Schmierlappen! Selbst in so einer Lage, in der er sich befand, noch eine große Klappe haben. Der konnte ja nur Politiker werden! Ich musste mir vorstellen, dass der Lappen so vor dem Bundestag steht. Dann sah ich in die Augen seiner „Geliebten", da zerplatzte meine ulkige Phantasie wie eine Seifenblase.

Sie hatte ihre Hände auf seine Schultern gelegt und schaute über diese ängstlich zu uns herüber. Sie tat mir schon irgendwie leid und er sah jetzt doch ziemlich nervös und ratlos aus. Hat die Qualle vielleicht mal nachgedacht?
„Eigentlich wollten wir ihrer Freundin helfen und ihr den Egel vom Gesäß abnehmen, aber wenn sie nicht wollen", sagte Jennifer sehr überheblich.
„Doch doch! Ich wäre ihnen für die Hilfe sehr dankbar."
Sie konnte die Situation, in der sie sich befanden, anscheinend besser einschätzen, als dieser bonierte Affe, der glaubte, ihm gehöre die Welt.
Mit einem zufriedenen Grinsen reichte Jennifer mir das Feuerzeug. Schluck!! Ich schüttelte den Kopf!
„Ist in Ordnung Georg, du hilfst ihr."
Die Ruhe, die Jennifer dabei ausstrahlte, imponierte mir. Mit zittrigen Händen nahm ich das Feuerzeug entgegen und zögerlich, mit Herzrasen, ging ich mit kleinen Schritten auf die Beiden zu. Ich schaute dem bekannten Politiker in die Augen, die waren kalt und der Typ nicht zu berechnen. Wie ein Bär, da weiß man ja auch nicht, wo man dran ist. Er ließ mich an ihm vorbeigehen und dann stand ich neben ihr. Sie presste sich an seinen Rücken und schaute mich fragend an. Ich schaute auf ihren Po, musste ich ja und das blieb für mich ja auch ohne Konsequenzen. Ich atmete tief ein und aus.
„Gnädige Frau, ich entferne ihnen nun den Egel."
„Mhhh, ja bitte." Das klang flehentlich.
Mit zittriger Hand hielt ich das Feuerzeug an das Tier und im Nu war sie davon erlöst.
„Alles in Ordnung Frau äh......." Ich biss mir auf die Zunge, fasst hätte ich ihren Namen ausgesprochen.

„Danke Georg, so heißen sie doch, danke vielmals."
Mir lief es heiß und kalt herunter und der Automatismus ließ mich meine Arme um sie legen. Georg, wo sind deine Hände? Auf ihrem Po!!! Peinlich gerührt löste ich mich aus der Umklammerung, die für sie bestimmt auch ein Sichtschutz war, mich aber alles spüren ließ. Gottlob schien mir die Sonne ins Gesicht, so konnte sie meine Schamesröte in meinem Gesicht nicht so wahrnehmen. Meine Augen wanderten an ihr herunter. Wollte ich gar nicht, aber die bekamen wohl einen Krampf. Donnerwetter, diese Figur, was bin ich für ein Einfaltspinsel. Apropos Pinsel! Der Anblick des Sexualprotzes regulierte glücklicherweise alles wieder auf null. Schnell bückte ich mich, hob ihre Kleidung auf und reichte sie ihr. Sie lächelte mich an. Wow, dass macht Gummibeine.
Diskret drehte ich mich zur Seite, aber einen Blick musste ich noch erhaschen. Puuuhhhh!! Arme Heidi! Wenn ich gleich nach Hause komme, verzichte ich freiwillig auf das Abendessen, dann geht es gleich an den Nachtisch.
Jennifer hat das ganze Schauspiel sichtlich genossen. Sie klopfte mir auf die Schulter und nickte zustimmend.
„Hätte ich nicht besser machen können."
Ich wahr froh, keine Schnappatmung bekommen zu haben. Die gnädige Frau war sehr schnell angezogen.....leider. Er brauchte einige Zeit länger dafür, auch leider.
„Und was ich noch sagen wollte", unterbrach Jennifer, nachdem er wieder bekleidet war, die Minuten des Schweigens, „wildfremde Menschen haben wir wohl kaum beobachtet. Also können wir feststellen, dass ihnen das Areal hier nicht gehört und dass sie keine Unbekannten sind."

Völlig bedröppelt stand ganz besonders unser guter Politiker da. Er tat sich schwer, Worte zu finden, von dem er doch jede Menge zur Verfügung stehen hatte. Im Bundestag ist er nicht so wortkarg.

„Und was wollen sie jetzt von uns? Uns erpressen?"
Ein lautes „Ha" von Jennifer schallte ihm entgegen. Sie legte die Arme um meine Schulter und schaute mich von der Seite an.

„Was denken die von uns, dass wir genauso sind, wie die Politiker? Unterste Schublade, was anderes habe ich auch von ihnen nicht erwartet! Und sie gnädige Frau, lassen sie sich nicht länger von Geld und Macht blenden!"
Du meine Güte, so kannte ich Jennifer gar nicht! Gut, für ihr Alter ein wenig altklug, oder sollte ich sagen resolut, gebildet und weiß, was sie will? Aber gerade kam sie wie eine Lehrerin rüber, eine mir noch unbekannte Jennifer. Der Gigolo musste erkennen, dass er ihren Argumenten nicht gewachsen war, zumindest nicht in seiner Lage. Sein Gespür, für aussichtslose Situationen schien er noch nicht gänzlich verloren zu haben. Bei ihr mussten Jennifer´s Worte schon Wirkung gezeigt haben. Sie distanzierte sich langsam von ihm und kam immer weiter zu uns herüber. Ich habe mich erschrocken, als er plötzlich auf uns zulief. Jennifer schaute mir entschlossen in die Augen und sie stand, wie ein Fels in der Brandung an ihrem Fleck. Ich zog innerlich meinen Hut vor ihr.

„Ich habe verstanden, junge Frau. Sie sind nicht käuflich und der Herr anscheinend auch nicht. Trotzdem würde ich doch bitten, ihre Namen zu bekommen. Natürlich nicht, um sie unter Druck zu setzen. Aber wenn sie mal ein Anliegen haben, dann kann ich mich an sie erinnern. Sie können jederzeit zu mir kommen, ich bin für sie da."

Nicht schlecht, gut zu wissen und mal schauen, was die Zukunft noch so bringt. Jennifer zog ihr Handy aus der Hosentasche und hielt es demonstrativ nur kurz hoch.

„Wollen wir es gut sein lassen. Sie und wir gehen wieder unsere Wege und wer weiß, vielleicht kommen wir auf ihr Angebot zurück." Jau, ganz nach meinem Geschmack hat sie das gesagt. Alle Option frei halten und dennoch nicht als der überlegene Sieger dastehen. Technischer K.O. Nennt man so was. Sie hielt sich die ganze Zeit zurück, überließ das Reden den Beiden. Niedergeschlagen stand sie mittlerweile neben mir und schaute auf den Boden. Am liebsten hätte ich sie in den Arm genommen und getröstet, aber dafür fehlte es mir an Mut. Er hatte sich unsere Namen notiert, ging zu ihr und fasste sie an den Arm.

„Gehen wir! Es wird dunkel und im Hotel wartet das Buffet auf uns."

Sie schob seine Hand beiseite und blickte ihn aus schmalen, finsteren Augen an.

„Du kannst alleine gehen und lass dir dein Buffet schmecken. Mir ist der Appetit darauf vergangen und auf deine Person auch. Ich hole noch meine Sachen aus dem Zimmer und möchte dabei alleine sein. Ich habe keine Lust mehr auf dein bla bla und versuch mich ja nicht wieder rumzukriegen, keine Chance!"

Der saß! Ich vermute, dass sie schon öfter Auseinandersetzungen dieser Art hatten und er wusste sie wohl richtig einzuschätzen. Wortlos lief er zum Auto und drehte sich noch einmal um. Sie stand zwischen uns und zeigte keine Reaktion. Missmutig schaute mich Jennifer an.

Sie ging mit mir ein paar Schritte zurück, während unsere Dame dem abfahrenden Fahrzeug hinterher schaute.

„Mist, jetzt haben wir die an den Hacken. Ich dachte, dass wir beide noch im Kolk baden könnten, dass hat sich ja wohl erledigt." Ihr lächeln darauf, sah verräterisch aus. Meinte sie das im Ernst, oder war das mal wieder eine typische Jennifer?

„Ein gutes hat es, wir ersparen uns die Egel." Man ist das eine doofe Ziege!

„Bevor wir losgehen, muss ich mir aber meine Füße reinigen." Beide Frauleute schauten mich fragend an. Ich zeigte runter, zu meinen Sülzheimern, doch es war schon zu dunkel, um was erkennen zu können. Schnell hatte sich das erledigt, ohne das sich so ein Monster ans Bein haftete. Wir liefen gemeinsam den Feldweg zur Straße runter, sie in der Mitte, Jennifer rechts und ich links von ihr. Unsere Fahrräder schoben wir. Sie war sehr mitteilungsbedürftig und erzählte viel von ihrer Arbeit und von Schauspielkollegen. Das war sehr interessant und nicht nur für mich. Die Aura, die sie ausstrahlte, war schon sehr beeindruckend. Ihre Art, zog mich in ihren Bann. Jennifer hatte ihre Zickigkeit völlig abgelegt und fragte immer bescheiden, wenn es was zu fragen gab. Sie hatte sogar für unsere Dame bei der Taxizentrale angerufen, damit sie nicht von uns auf dem Fahrrad mitgenommen werden musste. Auf dem Gepäckträger, oder auf der Stange. Ach ja, mein Fahrrad war ja ein Damenrad. Wir standen noch etwa zehn Minuten gemeinsam an der Straße, als wir das Taxi ran kommen sahen. Vorher mussten wir auch ihr unsere Adresse geben. Sie schaute uns beide traurig an, breitete ihre Arme aus, legte sie um unseren Hals und drückte uns ganz feste.

„Ich habe meine Lehre aus diesem Vorfall gezogen, dass könnt ihr mir glauben. Euch hätte ich gerne unter anderen Umständen kennengelernt und eure Diskretion weiß ich zu schätzen. Ihr hört von mir, versprochen. Also bis bald."
Jeder bekam noch einen dicken Kuss auf die Wange, die Wagentür fiel zu und wir konnten nur noch hinterher winken. Wie benommen standen wir beide noch eine kurze Zeit wortlos nebeneinander. Ich schüttelte nur ungläubig den Kopf.

„War das ein Tag! Den werde ich so schnell nicht vergessen, wenn überhaupt. Ich glaub nicht, dass ich heute Nacht schlafen kann. Mir rattert doch jetzt schon alles durch die Birne."

„Wie das Leben so spielt, Georg. Unverhofft kommt oft! Obwohl man das Sprichwort in diesem Falle nicht auf die Goldwaage legen sollte. Das wird uns bestimmt nicht nochmal passieren."

Sie lächelte und rieb mir über den Rücken.

„Und die vielen Ärsche, die ich heute gesehen habe!"
Jetzt konnte sie sich vor lachen nicht mehr halten. Des einen Freud, ist des anderen Leid. Doch ihr Lachen steckte an und schließlich wollte ich mir keine Humorlosigkeit nachsagen lassen. Gemeinsam radelten wir nebeneinander die Straße runter, bis wir am Stadtrand ankamen, da trennten sich unsere Wege. Der Abschied fiel ein bisschen anders aus, als sonst. Sie drückte mir kräftiger die Hand, gab mir einen Kuss auf die Wange und sagte: „Solche Geschichten verbinden Georg, oder siehst du das anders?"

„Das sehe ich genauso Jennifer. Ich wünsche dir noch eine gute Nacht und komm gut nach Hause."
Im Schein der Laternen wirkte sie gar nicht mehr so stark, wie ich sie heute mal wieder erlebt habe.

Eher verletzlich, mädchenhaft und einfach nur süß.
„Das wünsche ich dir auch. Und Georg! Was ich dir noch
sagen wollte! Du kannst dich noch gut sehen lassen, du
weißt schon. Bilde dir darauf aber nicht zu viel ein.
Tschüüüüssss!"
Ich schüttelte den Kopf und musste lachen. So ist sie, eine
tolle junge Frau, mit der man Pferde stehlen kann.
Hoffentlich wird sie sich nie in eine andere Richtung
verändern. Ich stieg aufs Fahrrad und fuhr weiter, den
Kopf voller Gedanken. Nur den einen nicht, der sich
gerade meines Gehirns bemächtigte. Es ist dunkel und
schon spät! Ach du dickes Ei!!! Heidi ist es nicht gewohnt,
dass ich um die Uhrzeit nach Hause komme! Die reißt
mich in Stücke! Meine Eindrücke schob ich in die hintere
Ecke meines Gehirns und trat in die Pedale, wie ein
Radprofi, bei der Tour de France. Die Pedale drückten sich
tief in das Fleisch meiner Füße ein und ich war froh, mein
Haus zu sehen. Im Wohnzimmer brannte Licht und die
Garage war geschlossen, also stellte ich das Fahrrad vor
dem Haus ab. Endlich wieder daheim und das mit Heidi´s
Fahrrad. So ein Rad zu fahren, war ein wahrlicher Genuss.
Die alte Krücke hatte ich in der Scheune gelassen, in der
Hoffnung, Heidi fragt nicht danach. Ich bin so froh, wenn
der olle Drahtesel nicht mehr im Keller steht und Platz
wegnimmt. Aua!!! Verdammte Stufe!! Als wäre mein
rechter Fuß nicht schon lädiert genug! Barfuß, oh Gott, ich
bin Barfuß!! Wenn Heidi das sieht, will sie sofort den
Grund wissen. Vorsichtig, bemüht um Geräuschlosigkeit,
nahm ich den linken Schuh vom Gepäckträger.
„Guten Abend, Herr Nachbar! So spät noch mit dem Rad
untterwegs?" Ich zuckte zusammen! Der Brand, so ein
Affe von Nachbar!!

Logisch, dass der noch überall herumschnüffelt, der muss ja auch was zu erzählen haben.

„Guten Abend Herr Brand, na wo brennst denn?" Ich flüsterte,aus gutem Grund.

„Auch noch mit dem Fahrrad unterwegs?"

Was für ein Einfaltspinsel! Wonach sieht das denn wohl aus? „Ne ich habe das Fahrrad nur vorgeschoben, damit es nicht im dunkeln steht."

„Ich kann sie nicht verstehen, Herr Andersen, sie sind wohl heiser, wie?" Ich nickte.

Glücklicherweise bin ich den Heini losgeworden, ohne dass Heidi etwas mitbekommen hat. Die Masche muss ich mir merken. Aus Erfahrung wusste ich, wie unsere Haustür leise zu öffnen war. Schnell den Schuh in den Schuhschrank und rein in die Pantoffeln. Ich wollte gerade in das Badezimmer gehen, da ging die Wohnzimmertür auf. Heidi stand im Rahmen und machte nicht gerade einen freundlichen Eindruck. Ich denke, weil ich so spät nach Hause gekommen bin.

„Ach, kommt der gnädige Herr auch nochmal? Ihr müsst euch da hinten in eurer Scheune wohl mächtig amüsieren und wie ich sehe, mit vollem Körpereinsatz. Das du dich nicht schämst, so herumzulaufen. Dein Essen ist kalt und steht in der Küche."

Sie drehte sich um und ging zurück ins Wohnzimmer. Aus Gewohnheit schaute ich auf ihr Hinterteil. Hoppla, nicht übel! Eigentlich kein Unterschied festzustellen, zudem was ich heute zu sehen bekommen habe. Mein Appetit wurde gleich wieder größer, aber nicht auf das Essen, was in der Küche stand. Ich musste um Schadensbegrenzung kämpfen, wollte ich heute noch zum Zuge kommen.

„Mein Hase, ich gehe eben Duschen und dann komme ich zu dir." Ich grinste, wie ein Honigkuchenpferd.

„Tu, was du nicht lassen kannst." Sie schmollte auf dem Sofa, in unserer gemeinsamen Decke eingerollt. Das wird ein hartes Stück Arbeit, dafür kannte ich sie nur zu gut, aber aufgeben wollte ich nicht. In der Vergangenheit hat es trotz gleicher Voraussetzungen auch noch geklappt. Zwar äußerst selten, aber es ist schon vorgekommen. Ich duschte mich gründlich ab, was da für ein Dreck runtergekommen ist, kaum zu glauben. Gut gelaunt und voll der Hoffnung, bemühte ich mich, ihren Geruchssinn irritieren zu können. Ordentlich eindieseln ist die halbe Miete, dachte ich mir und ein Spritzer mehr, kann nicht schaden. Den Hausanzug an und runter zu ihr. Vorsichtig, sie nur nicht noch mehr reizen, hob ich die Decke und kroch darunter. Kurz auf den Fernseher schauen und so tun, als ob mich das Programm interessieren würde, langsam die Hand nach unten wandern lassen und dann auf ihren Oberschenkel legen und streich...........!

„Nimm deine Griffel da weg! Weißt du eigentlich, was für einen bescheidenen Tag ich hatte? Während ihr euch köstlich amüsiert habt, bei eurem Hobby, sind wir in der Stadt durch die Hölle gegangen. Aber das interessiert dich wohl nicht." Sie schmollte weiter, während ich ratlos aus der Wäsche guckte. Versteh ich nicht. Sie und ihre Mutter waren doch nur bummeln und Klamotten kaufen, da kommen die doch meist erholt und voller Enthusiasmus wieder zurück. Sonst zeigt sie mir auch immer ihre käuflich erworbenen Errungenschaften und führt mir einige Sachen vor. Ob die Ursache ihrer Verstimmung daran lag, dass ich später nach Hause gekommen bin? Ich sollte lieber mal nachfragen, was sie als Hölle ansieht und was in der Stadt los war. Behutsam legte ich meinen Arm über ihre Schulter, dass war nicht so aufdringlich.

„Erzähl mal, mein Schatzi, was in der Stadt so los war, was dir die Laune so verhagelt hat."

Sie schaute mich an, als wäre ich der Erzfeind der ganzen Republik.

„Wenn du die Nachrichten gesehen hättest, würdest du nicht so dumm nachfragen! Aber der gnädige Herr kommt ja mitten in der Nacht nach Hause!"

Ein Blick auf die Uhr sagte mir, es ist jetzt zwölf nach zehn, aber ihr zu widersprechen hätte fatale Folgen. Mein Vorteil war es, sie zu kennen und deswegen ließ ich ihr Zeit, obwohl es eigentlich drängte, bis sie von sich auch zu erzählen anfing. Mein Bein fing schon an zu wippen und ich versuchte unauffällig die Uhrzeit abzulesen. War schwierig, weil ich nicht an ihr vorbei gucken konnte.

„Was ist, warum schaust du mich ständig an? Bist du nervös?" Wenn man es so bezeichnen will, dann ja.

„Eigentlich nicht meine Hase. Ich habe nur auf die Uhr geschaut, weil ich wissen wollte, wann die nächsten Nachrichten kommen." Nicht übel von mir, da muss ich mich doch mal selber loben.

„Das du dich für meinen Tag interessierst, ist ja mal ganz was neues, aber du bist auf dem Weg zur Besserung. Wenn das so ist, dann hol mir mal eine Apfelschorle aus der Küche und wenn du schon mal dabei bist, dann bringe auch gleich einen Jogurt mit."

Nicht nur ich kenne sie gut, sie mich ebenso. Sie muss irgendetwas spitzgekriegt haben! Als ich leicht humpelnd aus der Küche zurückkam, hatte sie tatsächlich umgeschaltet, obwohl die Nachrichten erst in zehn Minuten anfingen.

„Danke mein Schatz." Das war für mich ein Zeichen und der Pegel der guten Laune stieg gleich ein wenig höher. Sie nahm einen Schluck und räusperte sich. Aha, jetzt werde ich den Grund erfahren, was sie unter Hölle in der Stadt versteht.

„Ich habe heute Morgen Mama abgeholt. Wir sind in die Stadt gefahren und haben den Wagen, wie immer, im Parkhaus abgestellt. Bis dahin war alles normal, wie sonst auch. Mittags, als wir was Essen gehen wollten, da fing das Chaos an. Wir wollten zum Fischrestaurant und standen an der Fußgängerampel, dann sprang sie auf grün um und wir gingen los. Plötzlich kam von rechts ein Auto an gejagt und raste direkt vor uns über den Zebrastreifen! Um ein Haar hätte es uns erwischt! Und was der für eine Geschwindigkeit drauf hatte, man oh man! Da waren auch noch andere Passanten, die sich vor Angst genauso in die Hose gemacht hatten, wie wir und damit nicht genug! Da jagte doch noch ein Polizeiauto hinterher! Da haben wir allerdings schon vorher die Sirene gehört, da konnten wir uns noch vom Zebrastreifen entfernen. Uns saß minutenlang der Schrecken in den Gliedern. Die Ampel ist mehrmals grün geworden, bevor wir uns trauten, rüber zu gehen.Hörst du mir überhaupt zu?"

Ich nickte eifrig, denn diese Geschichte kannte ich nur zu gut. Sie müssen zu diesem Zeitpunkt ganz in unserer Nähe gewesen sein.

„Was ist jetzt? Willst du nun wissen, was passiert ist, oder nicht?"

Vorsicht Georg, nur nicht das Zeitfenster mit unnötigen Gedanken überschreiten. Sie fragte das zweite mal nach, beim dritten mal ist Schicht im Schacht.

„Aber selbstverständlich höre ich Dir zu!

Nur gut, dass Euch nichts passiert ist. Das ist natürlich die Hölle, da kann ich dich gut verstehen." Das ging mir wirklich nahe.

„Ha Georg, dass war noch nicht alles! Mama und ich sind dann weiter, Du weißt schon, zum Fischlokal. Jedenfalls zwei Straßen davor, kommen wir um die Ecke und geraten mitten in einen Tumult, der seines gleichen sucht. So was habe ich noch nie erlebt! Hunderte von Menschen schlugen aufeinander ein und die Polizei dazwischen. Schaufensterscheiben wurden eingeschlagen, Mobiliar aus den Läden auf die Straße geschmissen. Junge Menschen rannten um uns herum und Mama hatte panische Angst! Mit Mühe konnte ich sie aus der Straße leiten, dabei wurden wir öfters angerempelt. Davon haben wir garantiert blaue Flecken bekommen. Einige Passanten, die wie wir da heile raus gekommen sind, sagten uns, der Tumult hätte seinen Ursprung in einer auf der Straße ansässigen Imbissbude gehabt. Da fragt man sich doch, was gibt es nur für Menschen, was ist das für eine Zeit geworden!"

Ich musste schlucken und bekam nasse Hände. Das es solche Ausmaße annehmen würde, versetzte mir einen gehörigen Schrecken und der ging mir durch Mark und Bein. Ich glaub, ich muss mir gleich ein Mauseloch suchen, in das ich mich verkriechen kann. Steckbrieflich gesuchter Randalierer! Weiter konnte ich mich in meine aufkommenden Angst nicht verstricken, denn Heidi erzählte weiter.

„Um mehrere Ecken sind wir dann endlich angekommen und konnten was essen. Das brauchten wir auch dringendst, ansonsten wären wir wohl aus den Latschen gekippt."

Sie griff nach dem Glas und nahm einen Schluck.

Mir schlotterten indes die Knochen und auch meinem trockenen Mund dürstete es. Mit zittriger Hand habe ich das Glas in ex geleert und abgestellt. Das lenkte mich kurz ab, während sie weitererzählte. Sie war mit der Erläuterung schon ein bisschen Fortgeschritten und ich ein wenig aus dem Takt, ihr zu folgen.

„........, da sind wir dann raus und gingen zum Hansaplatz. Mutti wollte noch Gemüse vom Markt holen und anschließend noch einen Kaffee trinken gehen. Und was soll ich Dir sagen? Als wenn das vorher nicht schon genug gewesen wäre, kommen wir in eine Demonstration rein. Wir standen gerade an der Marktbude, da jagten die Polizisten die Randalierer auseinander. Die rissen auf der Flucht alles um, was sich ihnen in den Weg stellte. Wir können echt von Glück reden, dass uns nichts passiert ist. Nur die Tasche mit dem Gemüse ist Mama aus der Hand gerissen worden und bevor alles zu Brei getrampelt wurde, habe ich die Tasche aufheben können. Was du jetzt, was ich mit Hölle meinte?"

Frustriert und fragend war ihr Blick und ich musste nun wohl antworten. Dabei war mir gar nicht danach, mir war eher zum Heulen zumute.Denn ich war überall dabei, aber nun wird es mir erst so richtig bewusst. Aber doch nicht freiwillig, versuchte ich mir Mut einzureden, denn Willi, der Idiot, hat mich da mit reingezogen.

„Das tut mir wirklich leid mein Schatzi, ich hatte ja keine Ahnung! Ich bin so froh, dich gesund und heile zu Hause zu haben. Was du alles an einem Tag mitgemacht hast, ist ja unvorstellbar!"

Das war mein voller Ernst, dass sagte ich nicht nur so daher.

Meine Hand streichelte ihren Rücken, voller Anteilnahme. Sie kannte mich, spürte das es echte Gefühle waren und legte ihren Kopf auf meine Schulter. Ihr ging es nun besser und mir schlechter. Bedürfnisse gleich welcher Art, sind mir abhanden gekommen. Zärtlich streichelte sie mir über das Bein. Ihre schönen blauen Augen versuchten meine Gedanken zu erahnen. Plötzlich schoss sie hoch und ihre Augen hatten die Lieblichkeit verloren.

„Was ich noch sagen wollte, du wirst es kaum glauben, aber auf der Demo habe ich einen Typen gesehen, der genauso ausgesehen hat, wie du. Zumindest so ähnlich. So ein bäuerlicher Heini, mit Holzschuhen humpelte über den Platz. Ich hab mich gefragt, was so einer auf der Demonstration macht, zwischen all den jungen Studenten, die dort herum rannten. Wenn ich nicht gewusst hätte, dass du deinen Hobbytag hast, dann hätte ich schon wunderliche Gedanken bekommen.“

Ein gequältes Lächeln rang mir ab.

„Ich und ein Bauer, dass ich nicht lache. Du kommst aber auch auf Ideen.“ Sie rieb mir die Hand und lächelte mich an. „Du Georg, jetzt kommen die Nachrichten.“

Toll, mir ist jetzt schon ganz schlecht. Alles, aber auch alles wurde haarklein in den Nachrichten gezeigt. Als gäbe es nichts wichtigeres zu berichten. Auch die Demo wurde gefilmt.

„Da Georg, da rennt der Bauer!! Siehst du ihn?!“

Leider ja und ich hoffe nicht zu deutlich.

„Hast du die Ähnlichkeit gesehen? Frappierend!“

„Also Heidi! Willst du mir den Rest des Abends versauen? Mit dem habe ich doch nun wirklich keine Ähnlichkeit.“

„Nur ein bisschen, mein Schatz.“

Ich zog ein langes Gesicht und war völlig geschafft, den wahren Grund kannte sie ja nicht. Nur gut, dass die Person im Fernseher, also ich, nicht deutlich zu erkennen war. Meine gute Laune hat den absoluten Tiefpunkt erreicht. Gute Laune ist wohl übertrieben, eher die Hoffnung auf eine schöne Nacht mit Heidi ist mir vergangen. Nachrichten ohne Politik geht gar nicht und wer taucht auf? Na logisch! Mein Freund der Runzelarsch! Wie üblich mit viel bla bla und leeren Phrasen.

„So ein Schwachmat, Heidi. Wenn ich den Affen sehe, dann wird mir ganz schlecht!"

„Nanu, was sind das denn für negative Einstellungen von dir? Der ist doch von deiner Partei, die du immer wählst. Was für einen Sinneswandel muss ich da feststellen? Habe ich dich vielleicht mit meiner Meinung, hinsichtlich dieser Person überzeugt? Ich habe doch schon immer gesagt, dass ist ein Schmierlappen und überhaupt! Deine Partei ist ein Witz, über den man nur nicht lachen kann."

Ja ja, gib es mir reichlich. Wenn der Gegner schon am Boden liegt, immer noch schön nachtreten. Die Wetternachrichten gaben mir dann endgültig den Rest. Der nächste Tag sollte ein Ausflugstag werden und da soll es regnen. Ich hatte mich wohl zu sehr aufs Meer gefreut und Petrus hat es mitbekommen.

„Schatz, jetzt kommt der Nachtfilm, den möchte ich noch gucken, da meine Lieblingsschauspielerin mitspielt. Ein toller Liebesfilm mit Ellen Gernot, den habe ich erst viermal gesehen."

Mir lief ein kalter Schauer den Rücken herunter, als sie den Namen Ellen Gernot erwähnte. Mir geisterte der andauernd durch den Kopf, aber aussprechen mochte ich ihn nicht.

Ellen.....ja Ellen! War das ein Erlebnis mit ihr! Meine Gedankengänge wurden zu meiner Freude, in eine ganz andere Richtung gelenkt. Heidi ließ meine Hand los und wartete auf meinen Abflug. Doch als ich mich nicht rührte, fragte sie erstaunt: „Was ist los? Bei solchen Filmen gehst du doch immer ins Bett, die sind dir doch zu schnulzig, deiner Formulierung nach."

„Willst du mich loswerden? Ich werde mir doch wohl noch einen Spätfilm mit dir anschauen dürfen."

Sehe ich Anerkennung in ihren Augen?

„Ich muss schon sagen, du erstaunst mich heute Abend. So ein Film kann dir nur gut tun, dich für Frauenthemen sensibilisieren und natürlich für deine Frau. Na gut, dann bleib mal bei mir:"

Zusammengekuschelt schauten wir uns den Film an. Viel Worte wurden nicht gewechselt, nur Küsse und Zärtlichkeiten. Dann kam eine Szene, in der Ellen im Bikini am Strand, mit einem ihrer Schauspielkollegen knutschte und liebevoll umarmt wurde. Heidi´s Kommentar zu der Szene ging mir durch die Knochen.

„Na mein lieber Mann, möchtest du da nicht an seiner Stelle sein, bei so einer hübschen Frau?"

Ich rang nach Luft! Der Akteur hatte seine Hände bei ihr auf dem Rücken, meine waren tiefer und da war kein Stück Stoff dazwischen. Meine Hände fingen an zu zittern, da ich noch alles lebhaft in Erinnerung hatte. Ist ja auch noch nicht so lange her. Selbst meine Hände fühlten noch die zarte Haut ihres Po´s.

„Wow, du bist ja völlig bei der Sache und das bei einem Liebesfilm. Du hast dir das wahrscheinlich vorstellen können, du Lustmolch. Ihr Männer seit doch alle gleich." Sie lächelte und legte ihren Kopf auf meine Schulter.

Zärtlich strich ihre Hand über meinen Oberschenkel und ein warmes Gefühl durchflutete meinen Körper. Meine Heidi! Ich wusste, was ich bei ihr fand. Liebe, Geborgenheit, Zärtlichkeit, eben mein zu Hause, jetzt und in Zukunft. Nach dem Film wurde kurz aufgeräumt und dann ging es nach oben. Wir wussten beide, was im Bett passieren wird. Bestimmt nicht schlafen!

„Ich geh noch schnell ins Bad und mache mich frisch, du hast ja schon geduscht."

„Okay." Ich schnaubte tief durch, hach, Ende gut, alles gut. Damit habe ich nicht mehr gerechnet und eigentlich war ich selber davon ab, umso schöner. Ich zog mich aus und legte mich voller Erwartung aufs Bett. Dann ging die Badezimmertür auf und sie stand in all ihrer Pracht im Türrahmen. Ein Hauch von nichts lag über ihre zarte Schulter und machte sie noch verführerischer. Mein Stimmung stieg schlagartig bis ans Limit. Hächel! Langsam und grazil schritt sie auf das Bett zu. Das schwache Licht im Raum ließ mich in ihre liebeshungrigen Augen schauen. Doch was war das? Sie blieb stehen und ihre Augen verloren den Glanz. Irritiert schaute sie sich um. Was ist los, komm schon!

„Sag mal! Riechst du das auch? Was ist das für ein Gestank? Wo kommt das her?" Ich rieche nichts! Was soll das jetzt?

„Ne, komm schon zu mir mein Hase." Kam sie auch, aber schnüffelnd. Vor dem Bett blieb sie stehen und bückte sich zu mir herunter.

„Du bist das, deine Füße stinken, wie die Pest! Das du dich so ins Bett traust" Raus, aber schnell!!"

„Aber mein Hasi, ich habe doch vorhin geduscht, dass kann doch gar nicht sein."

„Das kann nicht sein, dass du das nicht riechst, werter Georg!"

Bauer Schulte´s Holzschuhe!! So eine Scheiße!! Der Gestank hatte sich bei mir so in die Nase gebrannt, dass ich nicht damit gerechnet habe, dass der Gestank noch so penetrant vorhanden war. Ich könnte heulen! Heidi packte indes das Bettzeug.

„Es ist besser, wenn ich ins Gästezimmer gehe. Der ekelige Gestank geht bestimmt nicht so schnell wieder raus. Pass auf, dass du in deinem eigenen Mief nicht erstickst. Gute Nacht!"

Ja gute Nacht, dass war es dann! Da war nichts mehr dran zu biegen. Oder vielleicht doch?

„Hase, dass tut mir aufrichtig leid, ich kriege das garantiert wieder abgewaschen, ich gebe mir alle Mühe, versprochen. Aber hör mir doch einmal zu, ich habe dein Fahrrad von einem Schrotthändler zurückgebracht. Dein lieber Bruder hat es dem verkauft und ich habe es gerettet, es steht draußen, neben der Garage. Und, was sagst du dazu?"

„Das schlägt dem Fass den Boden aus! Das du dich nicht schämst! Basti hat mir am frühen Nachmittag mein Fahrrad zurückgebracht, weil er es nicht mehr brauchte. Er hat nämlich jetzt sein eigenes! Das ist echt typisch für dich, immer auf meinem Bruder herumhacken. Gute Nacht und erstick in deinem Gestank!"

Rums knallte die Tür ins Schloss! Der krönende Abschluss des Tages, an dem nicht einer meiner Hobbys zum tragen kam. Wütend schlug ich in mein wehrloses Kissen und wusste, dass wird eine tolle Nacht werden, mit viel Schlaf und wunderschönen Träumen.

ENDE

Liebe Leser unserer Bücher!

Wir möchten uns recht herzlich für Eure Treue bedanken und hoffen, dass Ihr viel Spaß mit den Geschichten von Georg hattet und in Zukunft auch haben werdet. Hobbytag war unser zweites Buch, dass wir gemeinsam herausgebracht haben. Das nächste Werk erscheint im Sommer 2015 und wird den Titel „Urlaubsträume" bekommen. Wie man vermuten kann, wird Georg mit seinen Urlaubsplänen ein wenig daneben liegen. Wer die vorherigen zwei chaotischen Geschichten verfolgt hat und herzlich darüber lachen konnte, der wird auch bei „Urlaubsträume" nicht enttäuscht werden.

Ach ja! Weihnachten feiert Georg natürlich auch und pünktlich zur Adventszeit, werdet Ihr auch erfahren wie. Wir bedanken uns für Euer Interesse und wünschen unseren Lesern immer Erfolg, Gesundheit und viel Freude im Leben.

Herzlichst

Jürgen Ferdinand von Scharowetz &
Alexander Graf von Rothenstein

Informationen über Neuerscheinungen und über die Buchautoren bekommen Sie unter:

www.von-scharowetz-rothenstein.de.tl

Unser erstes Werk „**Ich kaufe nur eine Jacke –
Geschichten von Georg**" können sie unter folgender
ISBN Nummer bestellen:

ISBN 978-3-7357-8008-9

Juchu!

Bald ist Sommerzeit und die Urlaubsplanung steht an. Auch bei Georg, also einen ordentlichen Vorrat an Taschentüchern, denn es darf wieder gelacht werden. :-)

Ist denn schon Weihnachten?

Ob Georg wohl Geschenke erhält? Wie er wohl seinen Weihnachtsbaum bekommt? Und wie der wohl aussieht?

Jürgen Ferdinand & Alexander wissen es! :-)

Lasst es Euch bis dahin gut gehen und schaut mal auf einen Lacher wieder in unsere Bücher.

Herstellung und Verlag:
BoD - Books on Demand, Norderstedt
ISBN 978-3-7347-6441-7